열정은
배신하지
않는다

열정은 배신하지 않는다

초판 1쇄 발행 2013년 6월 25일

지 은 이 김의식
엮 은 이 이준호
발 행 인 권선복
편집주관 김정웅
편   집 신지은
디 자 인 박연주
전 자 책 신미경
마 케 팅 서선교
발 행 처 도서출판 행복에너지
출판등록 제315-2011-000035호
주   소 (157-010) 서울특별시 강서구 화곡로 232
전   화 0505-613-6133
팩   스 0303-0799-1560
홈페이지 www.happybook.or.kr
이 메 일 ksb6133@naver.com

값 15,000원
ISBN 978-89-97580-87-3   13300

도서출판 행복에너지는 독자 여러분의 아이디어와 원고 투고를 기다립니다. 책으로 만들기를 원하는 콘텐츠가 있으신 분은 이메일이나 홈페이지를 통해 간단한 기획서와 기획의도, 연락처 등을 보내주십시오. 행복에너지의 문은 언제나 활짝 열려 있습니다.

열정은 배신하지 않는다

김의식 지음 · 이준호 엮음

도서출판 행복에너지

내가 김의식 교수님을 만난 것은 그리 오래된 일이 아니다. 몇 년 전 대학의 교무처장을 맡고 있을 당시, 우리 대학의 이사로 재직 중이셨던 인천대학교의 유세준 교수님께서 당신의 훌륭한 제자가 있다고 하시며 내가 몸담고 있는 대학의 강사로 추천을 해 주셨는데, 그 일이 계기가 되어 나는 김 교수님과 첫 인연을 맺게 되었다.

교수님과 이야기를 하면서 정확히 그 무엇이라 표현할 수는 없지만 상당히 깊은 교감을 느꼈다. 60대 중반이셨음에도 불구하고 나이를 전혀 의식할 수 없는 교수님의 그 열정이 더 특별하게 다가왔다. 그 뒤로도 나는 김 교수님과 몇 차례 더 만났고, 그때마다 학생들의 교육에 대하여 많은 대화를 나누었다.

얼마 전 교수님이 오랫동안 고민하며 준비한 원고가 있다며, 혹시 시간이 되면 읽어봐 줄 수 있겠느냐고 말씀하셨고, 나는 흔쾌히 그러겠다고 대답했다. 원고를 읽으면서 나는 그리 짧지 않은 세월을 대학에서 강의해 온 나 자신을 다시 한 번 되돌아보며 자신을 다시 살피는 소중한 기회를 가지게 되었다. 글 속에서 나는 많은 부분에서 공감을 느꼈고, 원고를 가다듬고 수정하길 거듭하면서 그간

잊어버리고 지냈던 나 자신에 대한 여러 가지를 다시 생각해 볼 수 있어서 좋았다.

김 교수님께서 이 책을 출판하게 된 동기는 무엇보다도 학생들을 사랑하고 이들을 열정으로 가르치며, 학생들이 그 속에서 더 큰 희망을 갖고 대학생활을 열심히 하여 자신의 진로를 올바로 찾아, 성공적인 인생을 살아가게 되기를 간절히 바라는 마음에서였다.

비록 책 엮음에 부족함이 있더라도 이해하는 마음으로 읽어주길 기대하며 모쪼록, 있는 그대로 읽고, 느끼고, 판단해 주길 기대한다.

초여름의 햇살이 반짝이는 강의실에서

엮은이 이준호

김의식 교수는 은행 지점장, 작가, 대학 강사, 초빙교수 및 겸임 교수를 지냈다.

그의 인생은 1부와 2부로 나뉜다. 인생 1부에서는 은행원으로 사회에 발을 디딘 뒤, 상품운영부 부장으로 정년을 마쳤다. 그리고 인생 2부에서는 대학에서 학생들을 가르치면서 퇴임 후 12년의 삶을 승리로 이끌었다. 인생 2부에서 대학 강단에 선다는 것은 결코 쉬운 일이 아니다. 그의 부단한 노력이 없었다면 불가능했을 일이다.

초등학교 때부터 그의 꿈은 교사가 되는 것이었다. 하지만 가정 형편이 어려워 중학교 졸업 후 학업을 중단했고, 농사꾼과 나무꾼의 삶을 살았다. 그러면서도 그의 열정은 식지 않았다. 배우고자 하는 열정, 학생을 가르치고 싶은 그의 꿈은 접어지지 않았다. 이를 눈치 챈 은사님의 조언으로 그는 고등학교에 입학할 수 있었고, 3년이나 늦었지만 결국 고등학교를 졸업하고 대학에 입학하게 되었다.

대학을 졸업하고 그는 은행원으로 30년 동안 긴 직장생활을 했다. 성공적인 은행가의 삶을 살면서도 배움을 게을리하지 않았다. 직장을 다니면서도 대학원을 함께 병행하는 삶을 살았다. 그는 마침내 경영학 박사학위까지 취득하여 결국 대학 강단에 서게 됐다. 해내고 만 것이다. 어렸을 적의 막연한 꿈을 이룰 수 있었던 이유는 그의 식지 않는 열정과 끊임없는 도전이 원동력으로 작용했기 때문이었다. 이러한 과정이 있었기에 그는 대학에서 학생들을 가르치는 새로운 인생 2부의 삶을 살 수 있었다.

대학에서 강의하는 동안 그는 예스 킴Yes Kim으로 불리며 명강사로 학생들에게 인기를 얻었다. 30년의 삶을 불사르며 체득한 금융 현장의 주옥같은 경험들이 그의 경영학 강의 속에 어우러져 이론과 실제가 융합된 산지식들로 재창조되어 학생들에게 전달되었다. 김 교수는 배움을 바라는 젊은 청년들의 열정에 불을 지피며 끊임없는 감동을 선사하는 열강을 펼쳤다. 지식 이상의 깨달음을 주고자 불철주야 노력한 그의 진심은 학생들의 즐거움과 기쁨으로 그 빛을 발할 수 있었다. 그러면서도 그는 늘 글을 썼고, 약 10여 권의 책을 출간했다. 그중에서도 청소년에게 꿈과 희망을 안겨준 『세계를 가슴에 품어라』는 베스트셀러에 진입할 정도로 청소년 독자에게 인기가 높았다. 그 책은 청소년들의 멘토 반기문 유엔사무총장을 소재로 쓴 것인데, 책속에서 그가 전하는 메시지는 꿈을 지향하는 청소년들의 가슴속에 깊은 감동을 새겨주었다. 대학 강단에 서면서 그는 학생들의 고충과 애환에 안타까움을 느낀 적이 많았다. 학생들을 볼 때마다 '최고의 지성이라고 하는 대학에서 자신의 앞날을 마음껏 설계해야 할 학생들이 스펙 쌓기에 급급해 고교 때보다 더 부단히 움직이고는 있었지만, 늘 불안에 떨며 무엇인가에 쫓겨 억눌려 지내고 있는 것 아닌가' 하는 느낌을 지울 수가 없었다. 미래에 대한 불안과 고민 속에 힘들어 하는 학생들을 보면서, 그는 젊은 청년들의 가슴에 열정의 불을 지피는 장작이 되고자 결심한다.

이후 그는 강사가 아닌 열정의 전도사가 되었다.

은행 재직 시절 일찍이 『금융고객만족의 전략과 실천』이라는 책을 집필하고, 온몸으로 '고객만족의 정신'을 실천하였다. 그는 고객만족의 전도사로 직장생활을 성공적으로 이끈 자신의 경험을 통해 학생들을 '가르쳐야 하는 대상이 아닌 섬겨야 하는 고객'으로 대하면서 그들에게 다가갔다. 그는 학생들이 학업성취를 통해 자신의 꿈을 이뤄나가는 행복을 느낄 수 있도록 끊임없이 노력하였다. 이런 그의 노력으로 많은 학생들이 자신의 숨은 재능을 재발견하게 되었다. 가슴 두근거리는 열정을 느꼈으며, 자신의 꿈을 현실로 변화시키는 새로운 시작을 할 수 있었다.

인생 120세 시대, 제2의 인생을 살아야 하는 이 시대의 참된 롤모델을 찾고자 하는 모든 이에게 또 다른 인생 3부를 준비하고 있는 『열정은 배신하지 않는다』를 소개하고자 한다.

추천사

명성교회 담임목사
김삼환

　김의식 장로님의 출간을 진심으로 축하드립니다. 저는 명성교회 담임목사로서 30년 가까이 김 장로님을 지켜보아 왔습니다. 그는 어린 시절 어려운 가정형편으로 학업을 중단해야만 했지만, 주님의 은혜로 학업을 계속하여 은행원이 되어 지점장에 이르기까지 신화 같은 영업스토리를 일구었습니다. 또한 명예 퇴직한 이후에도 주경야독으로 박사 학위를 취득하여 어린 시절의 꿈이었던 대학의 강단에 서게 되었습니다. 김 장로님을 인도해주신 하나님을 찬양합니다.

　『열정은 배신하지 않는다』는 그동안 김 장로님이 교수로서 대학 강단에서 강의하며 만났던 여러 학생들과의 교제를 감동적으로 서술하고 있습니다. 지금 세상은 절망과 무감동의 시대를 보내고 있습니다. 제 생각에 이것은 그동안 김 장로님이 금융현장에서 고객을 섬겨온 고객 제일주의와 농사꾼 시절부터 몸에 밴 일꾼정신이 어우러져 학생들을 섬겨온 서번트 리더십의 결과라고 여겨집니다. 오늘 비전과 열정이 절실한 이 시대를 살아가는 모든 분들에게 이 책의 일독을 권하며 적극 추천하는 바입니다.

국립 인천대학교 총장
최성을

김의식 교수님은 제가 존경하는 유세준 교수님 밑에서 학위를 하셔서 더욱 믿음이 갑니다.

김 교수님은 은행 명예퇴직 후 우리 학교에서 12년 동안 강사로, 초빙교수로 학생들을 지도해 오셨습니다. 오랫동안 금융기관에 몸담고 계셔서인지 고객제일 정신이 강의에서도 반영되어, 늘 좋은 강의를 위해 직장체험을 바탕으로 이론을 현장에 접목시켜 문제 해결의 실무형 수업을 하고자 했습니다.

결국 그의 식지 않는 열정이 학생과 학부형들의 이야기로 전해져 『열정은 배신하지 않는다』라는 책으로 출간하게 되었습니다. 그는 이전에도 어려운 학창 시절 그의 멘토가 된 반기문 유엔사무총장을 소재로 한 저서를 출간하여 청소년들의 꿈을 키워주고자 노력했습니다. 이번에는 그의 인생 2모작의 결정판이라 할 수 있는 강단의 생생한 스토리가 『열정은 배신하지 않는다』에 담겼습니다. 그의 열정이 독자들의 마음속에도 담겨 배신하지 않는 열정으로 삶을 변화시켜나갔으면 하는 바람입니다.

한동대학교 총장
김영길

과거의 교육이 현실세계에서 이미 발견된 자료와 정보를 통해 지식을 축적하는 데 초점을 맞췄다면, 국제화 시대에서는 한발 더 나아가 학생들이 모르는 문제를 직면하고 여러 문제와 어려움을 해결하는 능력을 갖추도록 도와주는 것이 핵심이라고 할 수 있습니다. 21세기 번영의 열쇠는 열린 공간에서 열린 마음으로 사고하는 능력입니다. 기술로 마련된 공간을 탐구하고 이용할 수 있는 마음은 교육을 통해 열립니다.

진정한 가르침은 국제화 현상이 통합시킨 가시적 현실과 가상현실을 자유롭게 넘나들 수 있는 지혜를 전수하는 것입니다. 21세기 대학의 혁신적 변화가 요구되는 가운데 김의식 교수님이 쓰신『열정은 배신하지 않는다』가 참교육의 방향성을 제시하고, 창조경제 시대에 창의적 인재양성에 일조할 것으로 기대합니다.

㈜하이파킹 회장
나석환

김 교수는 고난을 즐기는 사람, 닥쳐오는 파고를 정면으로 대응하면서 두려워하지 않는 사람, 우직하게 밀고 나가면서 승부를 거는 사람, 남이 닦아놓은 길을 가는 것이 아니라 스스로 길을 개척하면서 나아가는 도전을 즐기는 사람, 식을 줄 모르는 열정의 사람, 자기가 하는 일을 무한히 즐기는 사람, 언제나, 어디서나, 누구에게서나 배우려고 노력하는 사람, 나만의 안일을 생각하는 것이 아니라 주변에 좋은 영향을 주고 싶어 하는 사람, 항상 겸손한 섬김의 본을 보여 덕이 많은 사람, 너무나 귀한 사람입니다.

독자가 『열정은 배신하지 않는다』를 접한다면 많은 분들이 새로운 도전의식을 받을 것이라고 생각합니다. 김 교수의 저술을 진심으로 축하드리며, 참여해 주신 모든 학생들과 학부모님들께 감사드리고 축하드립니다. 마지막으로 저에게는 김 교수와의 만남 자체가 행운이었음을 강조하고 싶습니다.

Contents

진정한 대학大學

어느 강의실에서

평소 수업시간에 지각을 자주하는 남학생이 있었다. 이날도 어김없이 한창 수업 중에 강의실문이 '끽—'하고 열렸다. 학생들의 시선이 모두 한 남학생에게 집중되었다. 강단에서 강의에 열중하고 있던 김 교수도 지각쟁이 진호에게 시선이 머물렀다. 그와 눈을 마주친 진호는 머쓱한 듯 꾸벅 인사를 했고, 김 교수는 너그러운 미소로 답했다. 진호가 자리에 앉아서도 수업의 흐름이 끊긴 학생들의 시선은 못마땅한 듯 진호에게 쏠려있었다. 김 교수는 분위기도 전환하고 수업의 흐름도 되찾을 겸 화제를 돌렸다.

"벌써 한 달 전이죠? 교과서의 의사소통에 대한 중간과제를 제출하지 않은 학생이 아직도 있어요. 자, 아직 안 낸 학생 손 들어 봐요!"

진호가 뒤통수를 긁으며 슬며시 손을 들었다. 손을 들고 있는 몇 안 되는 학생 중에 진호는 단연 눈에 띄었고, 학생들은 쭈뼛쭈뼛

손을 들고 있는 진호를 보며 킥킥댔다.

그런 진호에게 김 교수가 다가가 물었다.

"진호야 혹시 호주머니에 돈 2천 원 있니?"

뜬금없는 질문에 진호는 당황하긴 했지만, 주목을 한 몸에 받고 있어서인지 곧바로 대답했다.

"네, 있습니다."

"요즘 잘 익은 홍시가 시장에 나와 있던데, 홍시 두 개를 사서 카드와 함께 부모님께 드려라. 그리고 부모님께 '학교에서 오는 길에 잘 익은 홍시가 있어서 샀습니다. 부모님의 정성에 감사드립니다'라는 인사와 함께 드리고, 부모님의 반응을 적어내도록 해라."

김 교수는 돌아서며 중간과제를 늦게 제출한 벌이라고 말했다.

다음 수업시간, 강의실에 들어온 김 교수는 먼저 들어와 앉아있는 진호를 보고 가볍게 눈인사를 나눴다. 다른 학생들도 눈치를 챘는지 강의실에는 평소보다 약간 어수선한 분위기가 흐르고 있었다. 김 교수는 강단 앞에 서자마자 중간과제 이야기로 수업을 시작했다.

"중간과제 제출은 오늘까지예요. 늦게 제출한 벌로 내준 과제도… 진호야 해왔지?"

"네, 중간과제는 제출했고요, 홍시도 어머니께 드렸습니다."

"어머니가 뭐라 하시든?"

"홍시를 사서 드렸더니 어머니께서 먼저 '웬 홍시냐?'하고 물으셨어요. 그래서 교수님이 내주신 숙제라고 말씀드렸더니 '뭐 그런 숙제도 다 있니?'라고 말씀하시곤, 바로 '밥 먹어라'고 하셨어요."

강의실은 웃음바다가 되었다. 김 교수도 웃고는 바로 수업으로 들어갔다.

수업이 끝날 때쯤, 김 교수는 '오늘도 밥을 사주고 싶은 학생이 있다'며 공개데이트를 요청했다. 바로 진호였다. 그는 늘 수업을 마칠 무렵 학사경고를 맞았거나, 수업시간에 자주 지각하는 학생들에게 밥을 사주고 싶다는 말을 공개적으로 해왔다. 그렇게 그는 학생들과 식사를 같이하며 그들의 자초지종을 듣는 것이었다. 그날은 진호와 밥을 먹으며 대화를 나눴다.

"교수님 저는 부모님과의 대화도 단절된 데다가, 1학기 성적이 안 좋아 학사경고를 받는 바람에 용돈을 달랄 명분도 없습니다. 그래서 할 수 없이 24시 편의점에서 알바하고 집에 늦게 들어가게 되어 결국 수업시간에 늘 지각을 하게 됩니다."

"그래, 항상 눈이 벌게져 있더구나."

"사실 2학년 1학기 중간에 군대 갈 예정이에요. 어차피 군대 갈 거라고 생각하니까 마음도 안 잡히고요… 그런데 홍시 사건이 있은 다음부터 부모님과 대화도 자주하게 되었어요. 수업시간마다 교수

님의 얘길 듣다보니까 또 열심히 해야겠다는 마음가짐이 생기고 성
적도 많이 올랐습니다. 앞으로 더 열심히 하기 위해 노력하려고 합
니다.”

　진호의 변화. 김 교수가 바라는 교육의 최종 목표는 바로 학생의
변화다. 김 교수는 늘 생각한다.
　‘대학에 입학한 학생들은 분명 비슷한 성적으로 입학했는데, 뒤
처지거나 하는 학생들에겐 반드시 이유가 있을 것’이라고. 이번에
도 역시 그랬다.
　운동장 트랙에서 달리기를 할 때 똑같이 출발하지만 장애물을 넘
다보면, 넘어지는 학생이 있다. 물론 잘 달리는 학생도 있고, 또 넘
어지는 학생들 중에는 스스로 일어나 다시 달리는 학생도 있다. 그
러나 한편에선 넘어진 채로 포기하는 학생도 있다. 김 교수는 그런
학생에게 다가가 손을 건넨다. 작은 손길에도 의지하여 일어나 끝

까지 달려 최종지점에 골인할 것이라고 믿으며. 그 작은 손길 하나
로도 일어날 학생들에게는 끊임없이 손을 건네주고 싶은 것이 김
교수의 마음이다.

1. 학생이 행복한 캠퍼스

캠퍼스는 학생들을 위한 공간이다. 그 누구보다 학생들이 행복해야 된다.

학생을 행복하게 하는 요인들은 다양하다. 캠퍼스의 물리적 조건, 자신의 전공, 친구들이나 선배들, 학교의 명성, 이성친구 등 다양하겠지만 그러나 특히, 교수가 좋아서 행복한 것은 정말 바람직하다. 그런 면에서 여기 다수의 행복한 학생들이 있다. 그들의 이야기를 통해 그들이 왜 행복하고 어느 정도 행복한 것인지, 또 그들의 실질적인 요구는 무엇인지 알아보도록 하자. 먼저 다음과 같은 학생들의 사례들을 살펴보자.

〈사례 1〉: 아, 참 잘 왔다!

교수님 안녕하십니까? 우선 변변치 못한 종이에 편지를 쓰게 된 점을 송구스럽게 생각하며, 양해 부탁드립니다. 추석은 잘 보내셨는지요. 저는 추석 때 교수님께서 쓰신 저서 『세계를 가슴에 품어라』를 탐독했습니다. 경영의 이해 A~Z를 암기하면 책을 주신다고 해서 기다리려고 했는데, 정말 읽어보고 싶은 마음이 굴뚝같아서 결국 읽고 말았습니다. 저는 이 책에서 반기문 유엔사무총장님의 말씀에 투영되어 있는 교수님의 삶을 엿볼 수 있어서 좋았습니다. 사실 반기문 총장님도 정말 멋진 분이시지만, 저는 교수님의 삶이 더 궁금했거든요. 어려운 가정형편을 극복하고 지금 강단에 서 계신 교수님의 삶이야말로 제가 진정으로 꿈꾸는 삶이기 때문입니다. 교수님의 수업을 듣고 느낀 감정과 저의 이야기를 말씀 드리고 싶어서 용기를 내서 몇 자 적어봅니다.

교수님, 저의 고등학교 시절의 꿈이 무엇이었을지 짐작이 가시나요? 바로 대학에 진학하는 것이었답니다. 어머니 혼자 가계를 꾸려 나가셨기에 늘 넉넉하지 못했고, 그런 저희 집안 형편으로 대학까지 진학하는 것은 너무나 큰 무리였기 때문입니다. 학자금 대출을 받아서 대학에 온 저는 1학년 1학기 중에도 주중·주말 가리지 않고 아르바이트로 하루하루를 보냈습니다. 그럼에도 불구하고 학기를 마치고 또 휴학을 해야만 했습니다. 그렇게 2년이 지나고 드디어 복학을 했습니다. 가계 빚을 갚고 나니 겨우 한 학기 등록금이 마련되더군요. 주변사람들에게 "네가 정말 그렇게까지 해서 굳이 대학을 나와야겠느냐?"라는 말을 많이 들었습니다. 복학을 하고도 항상 '다음 학기 때 장학금을 받지 못한다면 학업을 중단해야 하는가?'하는 고민이 떠나질 않았습니다. 지금 생각해보면 저에게는 대학에 진학하는 것 말고는 별다른 꿈이 없었기에 그랬는지도 모르겠습니다.

하지만 교수님의 열정에 찬 강의를 듣고 저는 그렇게까지 해서라도 대학에 와야 할 필연의 이유가 생겼습니다. 다음 학기 때 장학금을 받지 못한다면 또 학자금 대출을 받아서라도 대학엘 다녀야 할 이유가 생겼습니다. 그것은 바로, 저에게 꿈이 생겼기 때문입니다. 저의 꿈은 훗날 교수님처럼 강단에 서는 것입니다. 아직 저의 꿈을 구체화시키진 못했지만, 교수님의 강의를 듣고, 또 열심히 공부해서 꿈을 구체화하고 반드시 실현시킬 수 있도록 부단히 노력하겠습니다. 10년 후, 20년 후를 생각하면 막막하기만 했는데, 점점 미래에 대한 생각이 제 가슴을 뛰게 만듭니다.

저는 교수님의 수업을 듣게 된 것이 너무나도 다행입니다. 교수님의 수업 덕분에 대학에 오길 잘했다는 생각을 합니다. 복학 후 유창한 영어실력을 뽐내는 친구들 앞에서 기죽어서 자신감을 잃었던 제가 '경영의 이해' 수업을 듣고 나서 자신감을 찾을 수 있었습니다. 글로벌 마인드로 무장한 교수님의 열의에 찬 강의를 듣는 제가 얼마나 자랑스러운지요. 교수님, 한 학기 수업 잘 부탁드리겠습니다. 교수님 말씀 한마디 한마디를 제 마음에 깊게 새기고 열정을 가지고 공부하겠습니다. 제가 대학에 간다고 했을 때 우려를 표했던 이들에게 대학교 가길 참 잘했다는 말을 들을 수 있도록 열심히 노력하겠습니다. 마지막으로 다음 번엔 교수님이 주인공이 되어 저희들에게 교수님의 말씀을 전해주시기를 기원하면서 이만 줄이겠습니다. 늘 가정이 평안하시고 만수무강하시길 바랍니다. 안녕히 계십시오.

2011. 9. 18. 박여름 올림

〈사례 2〉: 퍼져가는 뜨거움

인생의 목표를 대학입학으로 잡고 앞뒤 없이 뛰어왔던 고3을 지나고, 그렇게 꿈에 그리던 대학생이 되었다. 고3, 그 치열했던 1년 동안 그렇게 기다리고 기다린 시간이었다. 그러나 현실은 너무나도 허무했다. 꿈꿔왔던 캠퍼스의 로망, 대학생의 뜨거운 열정, 꿈. 그런 이야기는 모두 사라진 채 신입생 동기들은 너무 어린 생각을 가지고 있었고, 선배들은 본인의 꿈도 없이 맹목적으로 스펙을 위해 도서관을 드나들었다. 그때, 갓 스무 살에 내가 본 캠퍼스는 황량했고 쌀쌀했다. 나는 그동안 끈질기게 가지고 있던 대학입시라는 목적을 달성했는데도 더 이상 간절하게 바라볼 것이 없었다. 그렇게 나 또한 미적지근하게 무뎌지는가 싶었다.

그러나 그때, 한 뜨거움을 만나게 되었다. 대학 강의라는 자체에 익숙하지도 않고, 불쑥 '교수님' 대신에 '선생님'이라는 말이 튀어나왔던 그 어수룩한 새내기에게, 그리고 캠퍼스가 차갑기만 했던 꿈 많던 소녀에게 한 뜨거움이 다가왔다. 그 뜨거움은 차갑던 캠퍼스를 따스하게 녹여왔고, 그 안에 있던 모든 사람들의 마음까지 그 온기가 전달되었다. 마치 체온이 전달되듯, 캠퍼스에서는 열정이 살아났고, 거기서 나는 다시 꿈을 갖게 되었다.

교수님의 열정은 누가 보기에도 남달랐다. 수업에 관심이 없는 학생들도 모두 느낄 수 있을 만큼, 교수님의 눈빛과 손짓, 그리고 말씀 하나하나에 모두 녹아있었다. 그동안 실망해온 교수와 학생들의 형식적인 관계는 그곳에서 성립될 수 없었다. 교수님은 모든 학생들을 하나로 만들어, 그 학생들과 개방적이고 끊임없이 대화하면서 '함께' 수업을 만들어 가셨다. 경영의 리더, 인생의 리더로서 끊임없는 자기계발을 보여주시고, 수업시간에도 이상적인 리더와 미래에 대한 이야기를 끊임없이 해주심으로써 강의실을 꿈틀거리게 했다. 그리고 현장에 있는 전문가들의 생동감 넘치는 격려까지 더해져서 강의실의 넘쳐나는 열기는 대학 캠퍼스를 뜨겁게 달구었다.

그리고 그 뜨거움은 강의실 뿐 아니라 나의 인생으로도 전달됐다. 학교생활에 실망했던 소녀가 다시 꿈틀거릴 수 있게, 뜨거움이 살아났다. 꿈을 잃어버렸던 내가 다시 꿈을 찾기 시작한 것이다. 나는 대학 지원할 때 학과보다 대학이 우선이었다. 그래서 나의 적성과 흥미가 떨어지는 학과에 진학하게 되었는데, 교수님이 심어주신 불씨로 나는 진지하게 미래에 대해 다시 고민하게 되었다. 나는 미래에 어떠한 사람이 될 것이며, 어떠한 목적을 갖고 뛰어야 할지를 고민하였는데 그 고민은 어린 내가 감당하기엔 너무 벅차고 혼란스러우며 불안하였다. 그 과정에서 김 교수님은 지속적으로 뜨거운 손으로 붙들어주셨다. 나는 당시 과대표 및 학회장을 역임하고 있던 상황에도 불구하고, 결국 광고카피라이터를 목표로 경영학과에서 마케팅 공부를 하기로 맘먹게 되었다.

목표가 있는 삶은, 없는 삶과는 무척이나 큰 차이를 낳는다. 그건 내게도 다를 바가 없었다. 꿈을 가진 자, 그것이 어쩌면 이뤄내기 힘들고 불가능할지라도 꿈 자체가 주는 힘은 강했다. 나는 그 이전보다 더 열심히 학업에 열중하기 시작했다. 각종 공모전에도 참여하였고 여러 마케팅 서적들을 읽어 나갔다. 그러면서 내가 김 교수님께 받은 조그만 열기가 점점 걷잡을 수 없이 뜨거워져 감을 느낄 수 있었다. 결국 나는 2010학년도 2학기 과내수석을 차지하며, 2011학년도 1학기 경영학부로부터 전과를 허가받았다. 그리하여 경영학도로서 지칠 줄 모르는 뜨거운 삶을 지켜나가고 있다.

만약 그때, 그 시점에 교수님을 만나지 못했더라면. 그리하여 맹목적으로 오늘에 전전긍긍하며 허무함에만 빠져있었다면, 지금의 이 에너지 가득한 삶은 그저 부럽기만 한 다른 누군가의 이야기였을지도 모른다. 하지만 난 운 좋게도 내가 필요한 그 시간에 교수님을 만날 수 있었고, 그리고 교수님의 뜨거움을 그대로 전달받을 수 있었다. 내가 받았던 그 열기는 아직도 매 학기마다 교수님의 강의실에서 지속적으로 퍼져나가고 있다. 그 뜨거움은 과거의 나같이 뜨거운 가슴 없이, 꿈 없이, 미래 없이 하루하루를 살아가는 학생들에게 뜨거운 가슴을 심고, 꿈과 미래를 심어가며 이 캠퍼스를 덥혀가고 있다.

교수님은 교내 현수막, 포스터, 대학신문, 대학생활 잡지, 인터넷 등을 통하여 논문, 에세이, 유튜브, 금융공모전, 창의력 경진대회 출품, 독후감 등 학교 내외의 다양한 공모전에 늘 도전해 보라고 말씀하신다. 뿐만 아니라 각종 전시회에 대한 정보도 주시고 참여해 볼 것을 권하신다. 이를테면 삼성동 코엑스, 일산전시장, 송도 컨벤시아에서 열리는 창업경진대회, 취업박람회, 친환경관련 박람회 등 현장을 방문하여 관련분야의 생생한 정보를 얻고 유관단체나 개인회원 등과의 유대 관계를 돈독히 해 나갈 것을 당부하셨다. 현장 체험학습을 통해 재미를 붙인 학생들은 자발적으로 정보를 수집하고 공유함으로써 교수님 혼자 학습을 이끌어 가는 것이 아니라, 더불어 하는 학습으로 무르익어 가고 있다. 이것이 수업 첫 시간에 "나는 N분의 1에 불과하다. 우리 구성원 60명 모두가 제 역할을 충실히 해 나갈 때 이 학습은 소기의 목적을 달성할 수 있다."는 말씀의 참된 의미였다. 교수님의 수업은 그 효과가 더하기가 아니라, 곱하기요, 제곱이 되어 감을 실감할 수 있었다.

문헌정보학과, 최희아

〈사례 3〉 : 열정은 전염된다

존경하는 교수님께

교수님의 강의가 제 삶을 바꾸어 놓았기에 이렇게 글을 씁니다. 교수님의 강의를 듣고 난 후 저는 그동안 제가 얼마나 잘못된 삶을 살고 있으며 시간을 낭비했는가를 깨닫게 되었습니다. 저는 교수님을 보며 '저렇게 교수님이 되셨으니 더 이상 자기계발을 위한 공부나 연구가 필요 없겠지'라고 생각했답니다. 그러나 교수님은 잠시도 쉬지 않으시고 자기계발을 하시며 지하철에서조차 그 시간을 활용하여 공부하셨습니다. 그 모습에 감동받아 저도 친구와 함께 전철을 기다리는 시간 동안 서로 묻고 답하는 공부습관을 들이고, 자투리시간을 잘 활용하게 되었습니다.

교수님 덕분에 1학년을 1등이란 성적으로 기분 좋게 마쳤습니다. 1이란 숫자가 제게 부여되었다는 사실이 아직도 쉽사리 믿겨지지 않습니다. 이는 그전에는 1등을 해본 적이 없다는 뜻입니다. 중 · 고등학교 학창시절에는 '전교 50등 안에만 들자'라는 생각이 저를 지배했습니다. 그러다 보니 50등 안에만 들면 만족했지요. 하지만 교수님의 경영 수업에서 '꿈을 크게 가지고 열렬히 원하면 그것이 무엇이든지 이루어질 수 있다'고 배우는 중에 내가 가진 성적, 그 안에 포함된 재능까지 저의 스펙으로 전환시킬 수 있는 방법을 알게 되었습니다. 교수님 수업은 꿈을 계획할 나이인 제게 크나큰 영향을 끼쳤습니다. 교수님께서는 직접 만드신 인생플랜 파워포인트 자료를 보여주시며 많은 학생들에게 동기를 부여하셨습니다. 그것은 '본인이 하지 않는 일은 우리에게도 권하지 않는다.'는 모습의 표본이었습니다. 그 수업은 그 타이틀 이상의 것을 학생들에게 심어주었습니다.

리더의 자질을 기르고, 기초 소양을 쌓고, 리포트나 여러 파워포인트를 통하여 새로운 방식의 수업을 접해보기도 하고, 요즘 시대에는 돈 주고도 배워야 하는 '섬기는 법'도 체득했습니다.

언젠가 교수님이 이런 말씀을 하신 적이 있었어요. "큰 나무를 옮겨 심으려면 언저리를 많이 판다." 교수님의 강의는 한마디로 하자면 '언저리를 많이 판 강의'라고 할 수 있습니다. 모든 학생을 큰 나무 혹은 크게 될 나무로 여기십니다. 다양한 분야에 대한 상식과 그에 대한 이해를 촉진시키고, 머리가 아닌 가슴으로 배우는 것이 무엇인지 알게 해주셨습니다. 아주 작은 일에도 온 마음과 정성과 뜻과 힘을 다하여 학생을 사랑하는 전인적인 마음은 교수님께서 자주 쓰시는 '여든 여덟 번의 손길이 가야 쌀 한 톨을 얻을 수 있다'는 쌀미* 자의 정성인가 봅니다.

1학년을 최고 우수한 성적으로 마칠 수 있게 된 것은 많은 동기부여를 해주시며 제 노력을 헛되이 바라보시지 않은 교수님 덕분입니다. 교수님께서 강의시간을 통하여 들려주시는 말씀들과 자기계발을 위한 좋은 방법들이 나를 변화시키는 데 참으로 중요한 역할을 했답니다. 교수님! 저는 그동안 저의 시간을 정말 낭비하며 살았고 또 게으른 삶을 살았습니다. 그러나 저도 이제는 교수님께서 보여주신 삶의 본을 따라 부지런한 삶, 자기를 끊임없이 계발하는 삶을 살 것입니다. 사랑하는 교수님! 자기계발에 솔선하는 교수님이 존경스러워요!

〈사례 4〉: 학생들의 꿈 키워주기

-제2, 제3의 반기문이 될 수 없다고 하더라도!
　세상과 소통하는 문, 그 첫걸음

내가 초등학생이 갓 되던 무렵, 우연히 책장 가장 높은 곳에 꽂혀있던 책 한 권이 눈에 들어왔다. 『외교관이 되는 법』이란 이름을 가진 그 책은 고운 분홍색을 띠고 나왔을 표지가 빛이 바래 살구색이 되어 있었지만, 말쑥하게 정장을 차려입고 환하게 미소 짓던, 얼굴이 하얀 아저씨는 내 시선을 잡아끌기에 충분했다. 세상에서 대통령과 판사만이 대단해 보였던 어린 아이의 가슴에 그렇게 '외교관'이라는 직업이 새겨졌다. 한국 사람도 나라 안에서만 인정받는 것이 아니라 세계적으로 대한민국을 알리는 사람이 될 수 있다는 것을 처음으로 알게 된 순간, 동·서양에서 빛나고 남북에서 빛나라는 뜻에서 받은 '양빛나'라는 이름이 현실이 될 수 있겠다는 생각이 들었다. 그때부터 나는 영어를 친구로 받아들였다. 비록 남들보다 조금 늦었지만 한 발한 발 공부를 시작했다. 비록 이 길이 내 길이 아니라도 상관없을 거라고 생각했다. 나는 외국어가 재미있었고, 한국을 벗어나 세계를 보고 싶었다. 영어와 중국어, 그리고 조금의 일본어를 할 수 있게 된 것은 이런 욕심 덕분이다.

수능을 준비하던 2006년 10월, 늦은 밤 집에 돌아오니 어머니께서 나를 부르셨다. "우리나라에서 유엔사무총장이 나왔다."는 어머니의 그 말씀을 이해하기까지는 시간이 좀 걸렸다. 워낙 시골에서 태어났고, 3년을 대중매체와 떨어져 살았던 탓인지 도대체 유엔사무총장이라는 직업이 무엇을 뜻하는지도 알 수 없었다. 사실 나는 평범하게 사는 것이 목표였다.

'작은 회사에 취업해서, 결혼하고, 아이 낳는 엄마가 되자.'

그러나 대학생이 되어 중국 통상학과의 학생이 된 후, 동북아시아의 정치·경제에 대해 공부하고 나서부터는 달라졌다. 새롭게 바라보게 된 세계 속의 한국은 작지만 강한 나라이고 더 많은 발전을 위해 젊은 인재들을 필요로 하고 있었다. 이 사실을 조금씩 깨달을 무렵 우연히 『세계를 가슴에 품어라』라는 책을 접하게 됐다. 책 속의 대한민국의 외교관, 외무장관에 이어 유엔에 이르는 이 한 편의 '성공신화'는 나를 들뜨게 만들었다. 세계와 우리나라의 다리를 놓아주는 역할에서, 한 걸음 더 나아가 세상을 더 나은 길로 인도하려는 한 사람의 땀과 노력으로 가득한 이 책을 가슴에 품고 나는 내 인생의 전환점을 준비했다. 그렇게 2007년 유엔에서 출발한 반기문 총장님처럼 같은 해 대학생으로 거듭난 나도 내 인생에 도전하고 싶어졌다.

한국과 중국의 통상에 대해 공부하면서 시작한 중국으로의 어학연수와 유학의 길에 올랐다. 그리고 한국으로 돌아오자마자 다시 찾은 2010 상하이 엑스포와 한국 기업연합관에서 서포터즈로 활동하며, 국내외 유명인사들과의 만남을 경험했다. 이러한 경험들은 내 인생에 또 다른 면을 찾는 데 큰 도움을 주었다. 대한민국의 영토를 벗어나 '나'와 '내 나라'를 소개하는 것은 너무나 무겁고 어려우면서도 가슴 벅찬 일이었다. 그리고 돌아온 고국에 적응할 무렵 다시 듣게 된 한국인 최초의 유엔 사무총장이야기. 중국에 있으며 잠시 잊고 있었던 이 문장을 다시 접하게 된 건 『세계를 가슴에 품어라』의 저자이신 김의식 교수님과 함께한 수업을 통해서였다.

내 삶에서 멀어져버렸다고 생각했던 세계가 또 하나의 다리를 통해 성큼 가슴속으로 들어온 느낌이었다. 이 새로운 만남이 운명적인 기회가 될 것이라고 작게나마 속삭여 봤지만, 감히 나를 소개하기에 아직 나는 너무 작아서 혼자 떨리는 마음을 다잡을 길이 없다. 나는 지금 인천대학교의 학생이다. 그리고 내가 모르는 멋진 세상에 이미 발돋움 한 나의 또래들을 너무나 잘 알고 있다. 그러나 나의 그릇은 지금의 내 모습이 아니다. 살을 깎는 아픔은 학이 되어 날고, 소나무와 구름으로 새겨져 내 모습에 빛깔을 더할 것이다. 그리고 누구도 따라오지 못할 열정의 끝을 찬란하게 보여줄 것이다.

나는 비록 '당신'과 같은 길을 갈 수는 없습니다. 그러나 당신을 보며 자란 나의 오솔길은 시간이 지날수록 넓어져 언젠가 다른 이들이 새로이 밟고 따라오게 될 믿음직한 도로가 될 것입니다. 나는 나를 믿고 있습니다. 그리고 나의 꿈은 반드시 이루어질 것입니다.

2. 대학생들의 애환

논어 제1편 '학이學而'에 가장 먼저 나오는 구절이 '학이시습지 불역열호學而時習之 不亦說乎'다. 배우고 때로 익히면 즐겁다는 의미다.

그러나 오늘날 우리 대학생들의 현실은 어떤가? 진정 배우고 싶거나 배워야 할 것을 배우기 전에, 학점을 쉽게 따거나 부담 없는 과목에만 매진하는 것은 아닌지? 그리고 정작 본인이 어떠한 사람이 되어야겠다는 목표보다 이 사회가 원하는 것에 매몰되어 목적 없이 스펙이란 이름에만 휘둘려 방황하는 대학생활을 하고 있지는 않는가? 그리고 더 암울한 것은 이러한 청춘들이 대학에서 4년이란 소중한 시간과 엄청난 고비용으로 버티며, 사회에 나오지만 정작 그들이 설 곳은 마땅치가 않다. 도대체 무엇이 잘못된 것일까?

수업시간이 인생에 도움이 되지 않는다고 생각하면서, 따분하고 지루하다며 형식적으로만 이를 듣고 앉아있는 학생들, 심지어 교수를 무시하며 형편없는 수업태도를 보이는 학생들, 이런 학생들을 무관심으로 대하며 그저 강의만 열심히 하는 교수들, 이렇게 망가져가는 교육의 장에 있는 학생들의 고민이 무엇인지조차도 모르고 그저 자녀의 대학졸업과 좋은 회사의 취업만을 목이 빠지라고 기다리는 학부모들…

이러한 현상은 비록 다수는 아닐지 몰라도 오늘날 우리나라의 일부 대학이나 대학생들의 대학생활을 둘러싸고 흔히 일어나는 일상의 한 단면이다.

전국시대, 철인으로서 공자의 사상을 계승 발전시킨 맹자孟子:B.C. 372?~289?는 『맹자』〈진심편盡心篇〉에서 군자에게는 세 가지 즐거움이 있다고 했다. 첫째 즐거움은 양친이 다 살아 계시고 형제가 무고한 것이요. 둘째 즐거움은 우러러 하늘에 부끄러움이 없고 구부려 사람에게 부끄럽지 않은 것이며, 셋째 즐거움은 천하의 영재를 얻어서 교육하는 것이라고 했다.

미국의 사상가이며 시인인 에머슨은 "교육의 비결은 학생을 존중하는데 있다."고 했다. 과연 학생을 존중하는 교수, 학생을 존중할 수 있도록 만드는 교육은 어디에 있을까? 구름이 달을 가리면 달은 없어진 것이 아니라 보이지 않을 뿐이다. 잠시 후 구름이 사라지면 달은 생긴 것이 아니라 본래 있던 달이 보일 뿐이다.

하나님께서 창조하신 최고의 작품이 사람이다. 학생도 사람인데 성적 때문에, 고민 때문에 자살을 한다. 성인으로 존중받아야 할 우리 아이들이 구타를 당한다. 이렇게 스트레스를 받아 자살을 하느니 차라리 학점은행제를 통해 졸업을 하거나 방송통신대학, 사이버대학교를 다니며 배우고 싶은 과목을 공부하지 뭣하러 그 비싼 등록금을 내고 그렇게 다들 학교에 가나?

3. 학생이 원하는 대학

아직 대학에 완전히 적응되지 않은 새내기 대학 신입생들이 대학에 바라는 것은 과연 무엇일까? 구은영, 송선미, 김효경은 서울의 Y대학교에서 각각 영어교육, 유아교육을 전공하는 신입생이다. 이들에 대한 인터뷰를 통해 이들이 느끼고 경험한 것을 바탕으로 이들의 대학 및 대학생활에 대한 만족과 불만을 들어본다. 이들을 통해서 알고 싶은 것은, '대학이라는 곳은 어떤 곳인가? 대학에서 무엇을 얻어갈 수 있고, 또 얻어 가야 하는지'에 대한 것이다. 우선 이들 세 학생이 모두 동의했던 것은 '공부의 양이 고등학교 때보다 적다는 것, 수업의 수준이 고등학교 때와 크게 다르지 않다는 것, 교환학생 같은 정보를 좀 더 일찍 제대로 알 수 있는 기회가 없었다는 것, 선배 및 교수와의 소통이 없다는 것, 공부의 목적이 사라진 것, 공부에 대한 의미를 찾고자 하는 것' 등 이었다.

① 학습의 양

"한 학기 보냈는데, 어때요?" 수줍게 웃던 학생들은 으레 그렇듯 불만을 먼저 이야기한다. 공부를 고등학교 때보다도 안 한다. 그런데도 어느 정도의 성적을 얻을 수 있다. 그들은 이런 상황이 불편하다. 뭐라고 따질 수는 없지만, 옳은 것 같지는 않다. 입학 전에 대학에 대해 기대했던 '고등학교 때와는 뭔가 다른' 수업 혹은 배움은 없다. 교과서의 내용을 외우면 되는 단답식 시험문제가 많다. 자신이 배운 것을 풀어내어 보여줄 수 있는 기회가 있었다면 더 많이 공부했을 수도 있겠다고 여운을 남긴다.

② 수업수준

왜 공부를 하지 않을까? 그리고 그것이 불만일까? 자연스럽게 수업의 수준으로 이야기가 넘어간다. 수업은 고등학교 때와 다르지 않다. 단순히 정보를 외우는 방식에서 탈피하지 못했기 때문에 그들의 기대에 훨씬 미치지 못하는 수업이 많다. 그들의 기대가 너무 컸던 것일까? 대학만을 바라보며 저당 잡혀왔던 자신들의 귀한 시간을 생각한다면 결코 큰 기대라고 말할 수는 없을 것이다. 그러나 그런 그들이 이구동성으로 자랑하는 수업이 하나 있었다. 바로 2학기 때 들었던 '여성학'이라고 한다. 기대를 훌쩍 넘어서는 수업을 이야기할 때 그들의 눈은 반짝거렸다.

수업 첫 시간, 120여 명이 듣는 대형 강의임에도 불구하고 많은 학생들의 의견을 수업에서 들을 수 있었다고 한다. 선배 혹은 동기들의 한마디 한마디가 자기들 사고의 틀을 넘어서는, 한마디로 '예술'이었다고 표현했다. 자기들이 귀한 것을 얻어가길 바라는 교수의 마음도 느껴졌다고 했다. 이것이 그들이 기대했던 대학 수업이다. 이런 수업만 있다면, 정말 대학에서 열심히 공부할 수 있을 거란다.

③ 소통과 멘토

"교수님들과는 자주 이야기하나요?" 교수님과의 대화는 아직 없으며, 선배와의 이야기도 아직 없다고 한다. 여대라서 그런지, 대학 내 학과 선배와의 교류가 많지 않다는 학생들의 이야기를 많이 들었다. 그렇다면 전공공부, 진로, 그 밖에 인생과 관련된 다양한 고민들을 터놓고 이야기할 수 있는 인생 선배들은 없을까? 교회에 다닌다는 한 친구만이 자기의 고민을 털어놓고 이야기할 어른을 정기적으로 만나고 있었다. 다른 두 학생은 없었다. 선배와도 이야기할 기회가 많지 않았다. 그렇다면 그들은 누구의 도움을 받고 있을까? 누구라도 그들에게 관심을 갖는 사람들일 가능성이 높지 않을까? Yes Kim이 그들에게 자신의 꿈이 '학생들이 꿈을 찾고 이루는 것을 도와주는 것'라고 하니, 한 학생이 '아프니까 청춘이다'라는 책을 강력히 추천했다. 책 저자인 김난도 교수와 같은 분을 만나면 너무 좋겠다며, 그런 멘토로부터 도움을 얻고 싶다고 덧붙였다. 그리고 Yes Kim에게, 그와 같은 교수가 되어달라는 부탁(?)까지 해주었다.

④ 공부 목적

그가 가장 관심을 갖고 있는 것은 '공부의 목적'이고 '대학교육의 목적'이다. 대부분의 학생들에게는 고등학교 때까지만 해도 공부를 해야만 하는 분명한 목적과 동기가 있다. 의외로 크게 작용했던 공부의 동기가 있으니 그것은 바로 주변사람들의 기대다. 선생님의 기대, 친구의 기대, 부모님의 기대, '쟤는 공부 잘했으니까 이 정도 대학은 가겠지?'라는 주변 사람들로부터의 기대는, 기대를 저버리지 않겠다는 의지가 되고, 또한 자기 스스로의 목적으로 변한다. 목표했던 대학에 입학해야 한다는 공부의 동기 및 목적이 생긴다. 그러던 학생들도 대학에 입학한 후에는 그 목적이 말끔히 사라진다. 한 학기가 지나면, 그들은 목표가 없어져버린 '방황' 속에 놓인다. 그리고 그들은 지금까지 그렇게 해왔던 공부의 목적에 대해서 회의를 느끼게 된다.

김효경 학생은 '학점 잘 받는 것에 보상이 없다'고 말한다. 학점 4.0이나 4.3 받으면 그 보상이 무엇이냐고. 그에게 학점을 잘 받았다는 것과 본인이 그만큼 무엇을 얻었다는 것과는 다르다는 이야기다. 이것은 그가 '여성학' 과목에 대해 입이 마르게 칭찬하는 것을 통해 더 분명해졌다. 자신의 시야를 넓히고, 사고의 틀을 깨는 수업, 선배의 말 한마디 한마디가 '예술'이었다고 말하는 그에게 자신의 성장이 바로 공부의 참된 대가代價였다. 책에 있는 내용을 외워서 얻을 수 있는 좋은 학점은, 비록 그것이 취업에 필요하다고 이야기를 들었을지라도, 그에게는 결코 의미 있는 보상이 되지 못한 것이다.

구은영 학생은 수업에 대해서 다른 학생만큼 비판적이진 않았다. 대학 수업을 통해서 그의 꿈인 좋은 영어교사가 되기 위해 필요한 것을 배울 수 있기 때문이다. 그 외 다른 방법이 있냐고 되묻는다. 그는 후에 다시 만난 구은영 학생에게 좋은 영어교사는 어떤 교사인지, 어떤 역량을 갖추어야 하는지에 대해서 물어보았다. 그 사이 청소년 캠프, 대학생 교육 도우미 등을 통해서 학생들을 가르치는 경험을 많이 했다고 하며, 좋은 영어교사는 영어에 대한 깊은 이해 및 그것을 잘 전달할 수 있는 교수방법을 기본적으로 갖추어야 한다고 먼저 말했다. 그리고는, "학생을 사랑하는 것이 가장 중요한데, 그게 어렵더라고요."라고 덧붙인다. 현장에서 만난 학생들을 돕고 싶은데 어떻게 도울지를 몰라 당황했던 경험, 학습 내용에 대해 많은 준비를 해갔는데 막상 현장에서는 자기의 경험담 이야기를 통해 학생들과 가까워졌던 경험 등을 털어놓았다. 학생을 사랑하는 것의 중요성을 느낄 수 있었던 '현장경험이 그에게 가장 소중한 학습 기회였구나.'라는 느낌을 받았다.

⑤ 종합

　우리 학생들은 수업에 관심이 많다. 이것은 놀라운 일이 아니다. 그들은 누구보다도 자신들의 성장을 기대하고 있다. 그래서 수업으로 대표되는 대학의 교육에 관심이 많은 것이다. 하지만 어디까지 성장할 수 있는지, 어떻게 성장할 수 있는지에 대해서는 막연하다. 그럼에도 잠재적인 욕구는 결코 적지 않다. 그들은 자신들도 잘 인식하지 못하는 이런 불만족의 실체를 알고, 그것을 이겨낼 수 있도록 도와주는 사람을 알게 될 때 감동을 받는다. 성장이 무엇인지 알 수 있도록 해주어야 한다. 대학은 왜 다니는지, 대학수업에서는 무엇을 얻어갈 수 있는지, 무엇을 얻어가야 하는지, 공부는 왜 하는지, 인생을 값지게 산다는 것은 무엇인지 등의 거시적 차원의 질문들은 결코 저 멀리 고상한 상아탑 위에 올려져 있는 것이 아니다. 이것은 학생들이 그들의 대학경험을 말할 때 가장 먼저 꺼냈던 이야기와 연결되어 있으며, 매일 매일에 직접적인 영향을 주는 주제이기도 하다. 이런 질문에 대한 깊은 고민 없이는 일상의 수업, 숙제, 시험 등에 대한 불만족은 앞으로도 결코 없어지지 않을 것이다.

4. 대학이 원하는 인재

① 입학사정관의 관점에서

대학에 접수되는 수많은 자기소개서를 보면 간혹 눈에 띄는 학생들이 있다.

그들의 공통점은 열정이다. 고등학교라는 틀 속에서도 그들의 경험은 항상 남다르다.

〈글쓰기를 좋아했던 박윤희 학생〉

기뻐도, 슬퍼도, 재미있어도, 화가 나도 그는 늘 글을 썼다. 국·영·수에 집중하라던 고등학교 담임 선생님과의 마찰도 있었지만, 자신을 믿어주시는 부모님의 격려로 끝까지 본인이 원하는 글쓰기를 이어나갈 수 있었다.

고등학교 기간 동안 그가 이룬 것은 십여 차례의 전국대회 1~3위 수상, 장관상 2회 수상, 3년간 꾸준히 활동해 발행했던 고등학교 신문, 고등학교 3년 내내 읽은 300권 이상의 책 목록과 수십 편의 독후감, 봉사활동 기록, 여성문제 관련 기부 목록, 이외 취미로 쓴 소설 등으로 서류봉투 여러 개를 이어 붙여야 들어갈 정도로 두꺼웠다. 대학에 입학해서도 좋아하는 일은 이어진다. 학교 학보사에서 3년간 꾸준히 활동했으며, 대학신문 국장의 자리까지 올랐다.

〈교육에 관심이 있는 김현준 학생〉

중학교 때부터, 자신의 가슴을 뛰게 하는 단어로 늘 '교육'을 외쳤다. 더 좋은 세상을 위해서는 다양한 분야에서 뛰어난 리더들이 있어야 하는데, 그들을 바로 '교육'이 빚어낼 수 있다는 믿음 때문이었다. 그는 국회의사당에서 열리는 정책 토론에 학생 대표로 참가했고, 교육 관련 다양한 정책 제언을 국회에 제출하기도 했다. 물론 채택된 일은 없지만, 그에게는 그 과정 자체가 늘 의미 있는 일이었다.

지금도 대학에서 '대학생 교육기부단'의 멤버로, 교육적 혜택을 덜 받는 아이들을 위해 다양한 프로그램을 기획하는 일을 하며 더 좋은 교육을 위해서 어떤 정책을 펴야 할지를 현장에서 익히고 있다.

〈건축을 좋아했던 신예림 학생〉

고등학교에 많은 동아리가 있었지만, 본인이 좋아하는 건축 동아리는 없었다. 도움 주실 선생님을 섭외하고 친구, 후배들을 모아 동아리를 만들고, 아무 경험이 없는 동아리원들과 다양한 대회에 꾸준히 참가하였다.

<토론과 답사를 좋아했던 성재환 학생>

자신과 반대되는 의견을 조리 있게 이야기하는 상대방을 만나면 가슴이 뛰었던 학생. 정기적으로 책을 읽고, 시사 문제를 나누고, 토론을 하는 동아리를 스스로 만들었다. 시 주관 독서 토론대회, 국제 심포지엄, 전국 토론대회 등 다양한 교내외 토론 대회에 참여했다. 생소하던 토론 방법을 알기 위해 대회진행 위원장에게 도움을 청하기도 했다. 사람들의 의견을 조율하여 더 좋은 결과를 얻어내고자 토론을 즐겼던 그는 학생회 활동에도 열심히 참여했다. 주말이면 본인이 사는 곳 주변의 이야기를 들으려 답사활동을 했다. 중·고등학교 시절 들렀던 곳의 이야기는 빠지지 않고 답사후기로 남겼다.

대학에서도 역사적 소양을 기르기 위한 다양한 과목을 수강하고, 교내 역사 동아리의 회장직을 맡았다. 국토대장정에 참가하기도 하고, 소외 지역의 학생들을 돕고 그들에게 역사를 재미 있게 풀어내는 역할도 하고 있다.

<언어에서 삶의 큰 그림을 찾았던 이영학 학생>

방황하던 고등학교 시절, 중국어 말하기 대회에 참가하여 국

내 대표로 뽑히는 경험을 통해, 본인이 가야 할 더 넓은 세계를 발견했다. 그리고는 교내외의 모든 중국어 말하기 대회 및 토론 대회에 참가하였다. 비록 1년의 중국 거주 경험이 전부인 일반 고등학교 학생이었지만, 외고학생들과의 경쟁에서도 결코 뒤지지 않을 만큼 열심을 내었고, 그 결과도 뛰어났다. 한자를 좋아해서 서당을 다니며 <논어>, <맹자>, <대학>, <중용>, <소학>과 같은 경서들을 원문으로 읽기도 했다.

중문과에 입학해서는 외국의 대학들과 중국 고문을 연구하는 프로젝트에 학부생으로 참여하였고, 중문과 학생회장으로 다양한 중국문화교류 활동을 진행하고, 교내외 중국어 토론대회에 참가하여 입상하기도 하였다.

위 학생들은 고등학교 학생이라는 신분으로, 공부를 게을리한 것은 아니다. 모두 학교 공부에도 최선을 다했다. 매번 치르는 시험을 위해서 최선을 다해 준비했다. 시험 전날 글쓰기 대회에 참석하기 위해, 그전에 시험공부를 더 열심히 해놓았고, 낮에 답사와 토론 준비를 하느라 밤늦게까지 학교 시험공부를 하였다. 그러면서도 불평보다는 희망의 이야기를 한다. 본인의 꿈을 이루기 위해서 필요한 공부를 하는 것이라고 생각했기에, 그 과정이 힘들지만은 않았었다고.

고등학생 때의 목표는 대학 진학이다. 목표를 달성하기 위해 가장 효율적인 방법을 택하는 것은 당연하다. 그렇기에 많은 학생들은 내신과 수능 점수를 올리기에 그 모든 노력을 집중한다. 그것이 가장 안전하고, 효율적인 것이라고 여겼기 때문이다.

여느 학생들과는 조금 다른 학생들의 이야기를 들어 보았다. 본인이 좋아하는 것을 억누르지 못했던 학생들. 대입을 위해서라도 그것을 포기하지 못했던 학생들. 본인이 좋아하는 것, 본인에게 의미가 있는 것은 즐겁다. 시키지 않아도 한다. 어떤 역경이 있어도 그것을 이겨내고야 만다. 이런 경험이 있는 학생, 누가 봐도 자기편으로 만들고 싶지 않을까? 대학이 원하는 학생은 대학입학보다 더 먼 곳에 눈길을 두는 학생이 아닐까 한다.

② 배움과 일을 즐기는 사람

공자는 "지지자 불여호지자 호지자 불여낙지자知之者 不如好之者 好之者 不如樂之者"라 하였다. 즉, 알기만 하는 사람은 좋아하는 사람만 못하고, 좋아하는 사람은 즐기는 사람만 못하다는 뜻이다. 이는 우리가 일을 함에 있어서도 마찬가지다. 일을 열심히 하는 사람은 일을 잘하는 사람을 못 당하고, 일을 잘하는 사람은 일을 즐기는 사람을 못 당하는 법이다. 특히 한국인에게는 특유의 가락과 열정이 있다. 누구나 일을 할 때면 남이 시키는 일을 억지로 하거나 규칙에 얽매여서 일하기보다는 일을 찾아 하기를 원한다. 자기가 하고 싶은 일이나 좋아하는 일 또는 잘할 수 있는 일을 신나서 할 때 최고의 효율성과 경쟁력이 생긴다. 같은 일을 하더라도 서로 소통하고 공감대를 형성하여 동기 부여를 할 때가, 시키는 일만 할 때보다 훨씬 효과적이라 할 수 있다.

일의 성취감, 안정감, 도전감, 책임감, 성장과 발전, 자아실현 등 인간으로 하여금 보다 향상된 만족성과를 가져오도록 동기를 부여할 때 일의 성과는 더 크게 나타난다. 교육에 있어서도 예외는 아니다. 학생들에게 무조건 따라오게 하기보다는 학생들의 입장을 고려하여 그 눈높이를 맞추어야 성과가 배가 된다.

'진정으로 만족하는 유일한 길은 당신이 위대한 일이라고 믿는 일을 하는 것이고 위대한 일을 하는 유일한 길은 당신이 사랑하는 일을 하는 것이다. 사랑하는 사람을 찾듯이 사랑하는 일을 찾아라.'

'살아보니 돈은 중요하지 않더라. 매일 잠자리에 들 때 "오늘 정말 멋진 일을 했다."고 말할 수 있는 것이 중요하다'

〈스티브잡스〉

결국 일도 공부도 자기가 즐거워하며 사랑하는 마음을 가질 때 능률도 효과도 나오는 것이다.

5. 기업이 원하는 인재

　실제로 기업이 어떤 사람을 원하든지 취업을 희망하는 학생들은 그 요구를 충족시켜야 하고, 교수는 그것을 충족하도록 도와야 한다. 즉, 대학은 기업이 요구하는 인재들을 배출해야 한다. 기업의 요구가 충족되지 않는 한 대학뿐 아니라 그 대학 출신 인재도 신뢰받지 못함은 물론, 나아가 거시적 측면에서는 인적자원의 사회적 품질도 저하된다. 그리고 이 요구가 충족되지 않거나 미달될 때 학생과 기업, 학부모가 다 불만을 갖게 된다. 따라서 대학은 기업이 요구하는 바를 잘 확인하고 거기에 맞는 능력을 가진 인재를 잘 준비시켜 기업과 사회에 배출해야 한다.

① 인재 선발과정의 요구

　서류전형에서는 보통 일반적인 서류심사 및 스펙을 기준으로 선발인원의 일정 배수에 해당하는 인원을 먼저 뽑는다. 이때 인원은 각 기업에서 필요로 하는 수요 인원을 감안하여 선발한다. 서류전형에서는 주로 어학 성적, 전공 성적 등을 보며 필요시 적성검사를 하는 경우도 있다. 그러나 다음 단계 평가에서 대다수 기업들은 위 사항들을 전혀 반영하지 않는 '다단계 허들' 방식을 택하는 경우가 많다. 1차 면접은 보통 지원한 회사의 팀장 임원들이 실시한다. 2차 면접은 그룹 내 임원들과 CEO들로 구성된 면접관에 의해서 면접전형이 시행된다. 면접관은 보통 4~5명씩 수개의 팀으로 구성된다. 응시자들은 2~3차례 면접관들의 부스를 거치며 면접시험을 치른다. 그리고 모든 면접관들의 점수를 합산하여 평점을 내고 최종 합격자를 결정하게 된다. 기업들은 인재채용 때 서류전형, 인성과 적성검사, 면접 등을 실시하게 되는데 이중에 면접을 가장 중요시 한다. 이를 통해 개인의 인성, 자질, 창의성, 조직과의 융화, 업무능력 등을 측정한다. 최근에는 해결해야 할 과제를 사전에 제시하고 도출된 결론을 면접관 앞에서 발표케 하는 '프레젠테이션 면접'을 도입하는 기업도 늘어나고 있다.

② 면접 실전에서 꼭 알아야 할 사항

과거에 비해 화려한 스펙을 자랑하는 지원자는 늘어났지만, 정작 기업의 입장에서는 기업의 인재상에 부합된 인재를 찾기가 힘들다. 이제 무턱대고 남들을 따라 스펙 쌓기에만 열을 올리기보다 기업별 인재상을 파악해 맞춤형 취업 전략을 세우는 것이 성공 취업을 위한 주요 선결과제로 떠오르고 있다. 일반적으로 '좋은 회사에 들어가려는 사람'과 '자기가 원하는 좋은 회사에 들어가려는 사람'은 다르다. 회사는 당연히 후자를 찾으려고 한다. 왜 이 회사에 들어오고 싶은지 그 목표가 남달라야 한다. 즉, 원하는 회사에 대하여 사전에 많은 공부를 해야 한다는 것이다.

그 기업의 이념과 철학, 회사의 비전, 사회와 국가에 대한 공헌도, 연간 매출액, 재무상태, 마켓 쉐어, 소비자들의 신뢰도, 상품명 등, 본인이 입사하고자 하는 회사를 홍보하고 광고할 수 있을 정도로 공부하면 면접관들의 시선을 끌기에 충분하다. 소위 왜 이 회사에 지원하려고 하는지 동기를 확실히 말할 수 있어야 한다. 면접에서는 "우리 회사에 대하여 아는 바를 말해 보라"는 질문과 "우리 회사를 지원하게 된 동기"에 대한 질문을 많이 한다. 이때 위 사항을 잘 준비하면 좋은 대답을 할 수 있다. 그만큼 다른 지원자와 차별화 될 수 있기 때문에 상당히 중요한 대목이다. 본인도 오래전 신입사원 공채 필기시험에서 이 회사에 대해 아는 바를 영작하라는 시험 문제를 받고 사전 공부한 내용을 잘 써낸 경험이 있다. 또한 위기대처 능력, 인내심, 창의력, 정직성, 성실성 등을 알아보기 위하여 가정법 질문, 스트레스 성 질문을 많이 한다. 이때 자기만의 창의적이고 독특한 전략을 연출할 수 있어야 한다.

내가 잘 아는 젊은이 중 최근 대기업 경력직 모집에 합격한 젊은이가 있다. 경력직 인재 즉, 실무형 인재란 말 그대로 '채용 후 바로 실무에 투입해서 원하는 성과를 기대할 수 있는 인재'를 의미한다. 합격하기 위해서는 대부분의 구직자들이 가지고 있는 차별성 없는 스펙보다는 좀 더 구체적으로 자신이 원하는 특정 회사의 특정 직무에서 원하고 필요로 하는 직무 역량이 무엇인지를 파악하는 것이 정말 중요하다.

이 젊은이가 그 회사를 지원하기 전에 나는 그에게 "실제 그 회사에서 그 업무를 담당하고 있는 사람의 이야기를 듣는 기회를 가지든지, 다른 회사에서 동일한 업무를 담당하고 있는 사람을 통하여 그 업무에 대해 미리 듣는 기회를 가지도록 하라"고 조언해 주었다. 이렇듯 구체적인 사전조사를 통해 채용 하고자 하는 회사가 원하는 역량을 미리 준비한다면 채용 후 바로 현업 투입 시에도 기대하는 성과를 낼 수 있기 때문에 채용시장에서 남들보다 비교 우위에 있다고 말할 수 있을 것이다. 이 젊은이는 사전조사Searching를 철저히 함으로써 가고 싶었던 대기업에 좋은 조건으로 합격하여 현재 열심히 자기 꿈을 펼치고 있다.

③ 기업이 원하는 인재의 기준

대기업이 원하는 인재가 갖춰야 할 기준을 구체적으로 보면 '전문지식과 폭넓은 교양, 국제 감각과 외국어 구사능력, 도전과 성취의식, 유연한 사고와 창의력, 올바른 가치관, 인간미, 책임감과 성실성, 팀워크를 중시하는 자세, 겸손한 자세' 등 10가지 이상에 달한다. 이 같은 자질과 소양을 갖추기 위해서는 전공 지식과 함께 다양한 교양, 외국어 구사능력, 해외견문 등을 키워야 한다. 또 한 편으로는 긍정적인 마음가짐을 갖추고 수시로 토론하고 상호협력 하여 결론을 내리는 습관을 길러야 한다. 자신의 소신을 밝히되 상 대방의 의사도 존중하고, 자신의 말에 책임을 지고 예의 바르고 겸 손하게 행동하며, 참신한 상상력을 구체화시키는 연습을 해야한 다. 그리고, 결정된 일에는 적극 협력하여 이를 성취하는 마음 자 세를 갖춰야 한다. 기업들은 이처럼 직원들의 외국어 구사능력, 폭 넓은 교양, 국제 감각과 다양한 경험, 올바른 가치관과 대인관계 등의 능력을 갖춘 인재들을 원하고 있다.

우성훈, 전 L사 대표이사

6. 대학의 목적

대학의 본래 목적은 학문을 탐구하는 것이다. 유럽의 대학은 아직도 이 원칙을 상당히 고수하는 편이다.

그러나 우리의 경우 대학이 학문 탐구를 본래의 목적으로 한다는 취지가 많이 흐려진 것으로 보인다. 사회의 거의 모든 분야를 대학의 교과과정으로 다루고 있다. 따라서 해당 분야의 대학을 졸업하면 더 좋은 사회적 기회를 갖게 되는 것이다.

최근 청년실업이 큰 이슈가 되면서, 대졸 취업률이 낮은 것은 대학교육방식이나 교육방향에 문제가 있어 그런 것처럼 비춰지기도 한다. 그러나 반드시 그런 것만은 아니다.

대학은 사회(기업이나 일반조직)에 필요한 인재를 길러내야 되지만, 대학 본연의 목적과 이념도 고수해야 한다. 실제로 많은 대학의 목표가 높은 취업률이라 하더라도, 그것을 최상의 목표로 두기는 어렵다. 그럼에도 불구하고 대다수의 기업을 비롯한 대학 외부의 사회조직들은 늘 훌륭한 인재를 선발하기를 희망하고, 그러한 인재가 그 조직의 발전에 더 많은 성과를 가져오길 기대하고 있다. 그렇기 때문에 오히려 이를 냉정하게 이원화하여 기초 과학을 제외한 졸업자들의 취업률을 따져야 바람직하다. 사회가 요구하는 현재와 미래를 위한 기초 과학에 대한 요구도 충족시켜야 하기 때문이다. 그러한 관점에서 본다면 대학교육은 과연 기업이나 일반 조직에 필요한 인재를 성공적으로 잘 양성하고 있는가? 기업들은 대학교육을 이수한 신입사원들에 대해 얼마나 만족하고 있는가? 그리고 또, 조직이 바라는 신입사원들은 과연 어떤 역량을 갖추고 있어야만 할까?

기업이 신입사원들에게 요구하는 역량과 대다수의 기업들이 실시하고 있는 신입사원 교육 프로그램의 내용을 보면, 대학의 커리큘럼과는 상당한 차이가 있다는 사실을 알 수 있다. 대학을 졸업한 신입사원들은 회사에 적응하고 업무를 배워나가는 시간이 필요하다. 그러나 대부분의 기업들은 그 시간을 최소화하여 일의 성과를 내게 하려고 신입사원 교육을 별도로 하고 있다. 기업이 필요로 하는 역량에 따라, 길게는 수개월까지도 한다. 교육내용은 다양하다. 분명한 것은 대학교육을 훌륭히 마친 사람도 바로 인정받고 사용되는 것은 아니라는 사실이다.

일반적으로 대학의 교육은 전공지식 외에 교양의 폭과 깊이를 더

하는 쪽으로 이루어지고 있다. 공통 교양과목, 전공과목, 선택과목 등 다양한 주제와 수준으로 이루어진 대학의 커리큘럼은, 개인적인 지적 욕구를 충족시켜 줄 수는 있을지 모른다. 하지만 그것이 우수한 직업인으로 인정받는 데 결정적인 요소는 되지 못한다. 실제 현장에서 일에 대한 평가들이 그런 사실을 대변하고 있다. 정도의 차이는 있지만 어느 조직이든 신입 직원들이 바로 대단한 능력을 발휘할 것을 기대하는 경우는 거의 없다. 대학에서 학습한 것을 직접 활용할 기회는 별로 없으며, 새로 익히고 배워야 할 것이 훨씬 더 많다.

대한상공회의소가 기업을 대상으로 대졸 신입사원들에게 어떤 역량이 필요한지 조사한 바 있다. 그 내용과 현재 대학에서 공부하고 있는 학생들이 중점을 두고 있는 방향은 사뭇 다르다. 기업이 바라는 신입사원들의 역량은 지식이나 기술보다는 태도에 중점을 두고 있다. 대한상공회의소가 조사한 10가지 역량 중, 기업이 중요하다고 평가한 상위 3가지 역량은 모두 태도나 인성과 관련된 것이었다. 또 기업이 평가한 기대한 만큼 만족스럽지 못한 역량 역시 태도나 인성에 관한 것이 포함되어 있었다. 이를 보면 기업의 관점에서 대학교육은 기업의 요구와는 다른 방향으로 가고 있다는 말이 된다.

기업에서는 사원들의 기본적인 품성과 적극적이고 책임감 있는 태도를 가장 중요시한다. 반면, 실제 신입사원들에 대한 이러한 평가요소들에 대한 만족도는 상대적으로 가장 낮다. 대부분의 대학생들은 외국어와 컴퓨터 활용능력에 많은 시간과 돈을 투자하지만, 기업의 입장에서 보면 이것이 최고로 중요한 역량은 아니다. 기업의 모든 사람이 다 외국어를 잘할 필요는 없다. 게다가 요즘 젊은이들은 대체로 기업에서 필요한 기본적인 컴퓨터 능력은 대개 갖추고 있고 외국어도 기본은 한다. 그러므로 오늘날 이러한 능력보다 더 중요한 문제는 '조직에 들어와서 얼마나 잘 적응하고, 화합하여 성과를 올리는 데 기여할 수 있는가'이다.

대학육과정어 기업의 요구를 잘 반영하지도 않고, 산업계와 대학 간 연계가 잘 이뤄지는 것도 아니란 의미다. 그래서 기업은 신입사원을 선발하여 새롭고 다양한 교육과정을 통하여 자사의 이념과 철학, 사업에 대한 이해 등의 기본교육과 다양한 업무관련 교육을 한다. 대학교육이 바탕은 되어도 기업에 필요한 '바로 그것'은 될 수 없다. 물론 기업에서도 신입직원에게 무리한 업무를 부여하지도 않을뿐더러 단번에 큰 성과를 기대하지도 않는다. 그렇지만 대학을 졸업한 자가 기본적인 태도와 역량을 갖추어야 함은 당연한 일이다.

기업은 실력이나 전문성보다는 조직에 잘 적응할 수 있고, 미래에 큰 일꾼으로 성장할 수 있는 조직원을 원한다. 유능하다고 뽑아 놓은 신입사원 중에는 상당수가 높은 영어 점수를 자랑하지만, 기안문의 우리말 표현에도 쩔쩔매는 경우가 있다. 놀랄 정도의 유머 감각과 말솜씨를 자랑하면서도, 고객응대에는 서툰 경우도 있다. 전공에서는 학부제 실시나 복수전공 등 다양한 과목과 많은 학점을 취득한 성적표를 자랑하지만, 전공 분야에 관한 지식과 통찰력은 부족한 점이 많다. 그렇다고 그들의 기본능력이 떨어진다는 것은 아니다. 신입사원들은 대개 자신의 특기를 갖고 있다. 의외로 마니아가 많아, 자신의 관심분야나 흥미를 가진 분야는 전문가 이상의 식견과 경험을 가진 경우도 많다. 그러나 그것이 조직의 업무와 성과로 연결되는 경우가 별로 없어 아쉬울 뿐이다.

한 연구에 의하면 기업에서 대졸 신입사원들에게 가장 우선적으로 교육시켜야 하는 역량은 '상호협력체제 구축, 대인관계, 조직에 대한 이해력, 예절 및 태도, 책임감의 순'으로 나타났다.(송영수·박소연, 기업의 대학교육에 대한 요구분석, 2007)

어느 조직에서든 필요한 역량을 대학에서 얻을 수 있다고 한다면 당연히 환영할 것이다. 거액을 쓰는 신입사원 교육을 좀 더 효과적으로 운영할 수 있고, 비교적 단기간에 우수한 인재를 길러낼 수 있어서 좋기 때문이다. 그러나 대학 본연의 임무와 역할이 '일반 조직에 필요한 인재를 양성하는 것'만은 아니라는 점이 갈등으로 남는다. 또 일반 조직이 요구하는 역량들을 모두 대학에서 가르치기에는 부적합한 면도 있다.

예를 들면, 앞서 언급한 '대인관계, 예절, 성실성, 협동정신, 책임감 등'은 장기간의 성장과정에서 체득해야 할 태도이지 학점으로 가르칠 수 있는 기능이나 지식이 아니다. 조직에 대한 이해나 적응의 경우도 무조건 적응하고 받아들이는 예스맨을 바라는 것이 아니라면 어렵다. 기업의 요구를 대학이 받아들여 기업에서 필요한 인재를 육성하려면, 매우 많은 교육내용과 교육방법을 바꿔야 된다. 성실성이나 협동정신을 이론으로 가르칠 수는 없다. 대학에 오는 사람이 제대로 된 사람이어야 되고, 대학은 그런 사람을 선발하면 가장 바람직할 것이다.

Boston

변화된 삶

만남의 축복

일상 속에서 배우다

학부모의 반응

# 1. 만남의 축복

사람은 아침에 눈을 뜨면 시간과 사람과 상황이라는 3가지를 만나게 된다. 또 한 사람의 인생을 결정하는 것은 '읽은 책, 만난 사람, 겪은 경험'이라고 한다. 그중에서 사람을 만나는 것만큼 중요한 것은 없다. 아리스토텔레스는 사람을 '사회적 동물'이라고 했다. 즉, 사람과 사람이 만남을 통해서 사회적인 인간으로 길러지고 사회는 형성된다는 뜻이다.

어떤 사람을 만나느냐에 따라서 그 사람의 일생은 크게 달라진다. 학생들은 좋은 스승을 만나서 훗날 훌륭한 사람으로 길러질 수 있고, 비록 고아라도 좋은 양부모를 만나 크게 성공한 사람도 많다.
한편, 서로의 약점을 보완할 수 있는 만남은 정말 중요하다. 하근찬의 단편소설 '수난 이대'를 보면, 아버지는 일제강점기 오키나와로 강제징용을 당해 비행기 닦는 노역을 하다 폭격을 맞아 팔을 하나 잃고, 아들은 6·25 한국동란에 징병되어 다리 하나를 잃는다. 하지만 아버지는 아들의 다리가 되어주고, 아들은 아버지의 팔이 되어 이들은 역경을 슬기롭게 극복해나가는 만남으로 이어간다. 우리도 누군가를 만날 때 도움을 주어, 서로의 약점을 보완해줄 수 있도록 해야 한다.

만약 자신이 구명조끼 없이 깊은 바다 한가운데에 빠졌거나, 하고 있는 사업이 부도가 났다고 생각해보자. 이런 급박한 상황에서 누군가가 자신을 도와준다면 평생 잊지 못할 것이다. 주위를 한번 돌아보자, 이와 같이 지금 당장 나의 도움을 애타게 기다리는 사람이 있을 수 있다. 지금 돕지 않으면 그는 영원히 회복불능의 상태가 될지도 모른다. 나 자신이 다른 사람이 어려울 때 기꺼이 도와줄 마음을 가진다면, 훗날 자신도 같은 상황일 때 분명히 자신이 도와줬던 그 사람이 나를 도와줄 것이다.

우리는 매일 누군가를 만나게 된다. 어떤 사람은 필요에 의해서 인간관계를 맺어나가는 경우가 있는데, 그런 경우 그 만남은 가식적일 뿐이고 오래가지 못한다. 가슴을 통해서, 마음과 마음의 진심이 통했을 때 그 만남은 소중한 것이고 진실된 것이 된다. 아무런 조건 없이 만나되 그 만남을 소중히 여길 줄 알아야 한다.

지금 현재 사람의 신분이 아무리 보잘 것 없고 하찮아 보이더라도 그의 현재보다 그의 가능성이 담긴 미래를 보아야 한다. 내가 잘되는 길은 나와 관계된 모든 사람이 잘되고 성공하는 것이다. 굳이 그런 이유가 아니더라도 누구나 한번쯤은 순간의 만남을 소홀히 하여 평생을 후회하고 가슴에 담아두는 일들을 경험했을 것이다. 한번 보았던 사람이라도 반드시 이름을 기억해두고, 비록 작은 만남도 소중하게 생각하는 것이 만남의 성공방정식이다.

① Yes Kim의 편지 – 개강 전 학생들에게 보내는 메일

<사랑하는 수강생 여러분들께>

저는 이번 학기 여러분과 함께 수업을 진행하게 된 것을 무한한 영광으로 생각합니다. 이번 학기 수업을 통해서 여러분이 글로벌 시대와 현대경쟁사회에서 경쟁력 있는 학생으로 성장하길 희망합니다. 저의 부족한 경험, 지식, 정성, 사랑이지만 전심전력하여 섬기려고 노력하고 있습니다. 이것은 말로만 아니라 행동으로 실천하려고 하는 우리 모두의 의지가 필요한 것이며, 제가 여러 가지로 부족함이 많지만 여러분 한 분 한 분의 관심과 정성, 사랑으로 수업에 동참하는 모든 학생들이 즐겁고, 재미있고, 유익한 학습을 통하여 여러분 자신이 행복하고 보다 더 성장하기를 바라는 간절한 마음으로 저의 뜻을 전하고자 합니다.

첫째, 더 큰 목표, 비전, 꿈을 갖기를 원합니다.

둘째, 여러분이 보다 큰 목표를 성취하기 위해서는 종이 위에

표현된, 이루고자 하는 구체적인 목표가 있어야 하며, 때로는 여러분 내부의 주저와 저항, 그리고 외부로부터 부딪히게 될지도 모르는 어려움 등이 있을 것으로 생각됩니다만 이를 잘 극복하시기 바랍니다.

셋째, 만약 이러한 목표를 수립하여 실천해 나가는 데 있어 여러분 자신에게 부족함이 있다고 느껴지면, 이는 더 성장할 수 있다는 여지를 갖고 있다는 뜻입니다.

넷째, 여러분의 목표를 자기 자신에게 이야기하고, 그 목표를 이루어 나가는 데 도움을 줄 수 있는 부모, 은사, 동료에게도 이야기하며 오늘 하루도 작은 걸음, 손길 등 행동으로 옮기려는 노력을 시도해 보십시오.

다섯째, 이러한 목표가 있고 실천이 뒤 따르는 우리 클래스는 매 순간 생동감 있고 고무된 분위기가 조장되어 의미 있는 시간들이 될 것을 확신합니다.

여섯째, 여러분 자신의 목표와 성취해 나가는 과정에 대한 헌신, 그 결과로 나타날 보상을 기대하며 성취해 나가시기 바랍니다.

일곱째, 여러분 한 분 한 분을 만나고, 생각하며, 그릴 때마다 여러분 모두는 더욱 경쟁력 있고 이 시대가 필요로 하는 인물이 될 것을 소망하며, 제가 가진 지극히 작은 것 하나까지도 아낌없이 드릴 수 있도록 최선을 다할 것을 다짐하며 한 학기를 맞습니다.

> “무엇이나 생생하게 상상하고, 열렬하게 원
> 하며, 진정으로 믿고, 열정을 다해 행동하면
> 그것이 무엇이든지 반드시 이루어진다.”
>
> Whatever you vividly imagine, ardently
> desire, sincerely believe, and enthusias-
> tically act upon, must inevitably come to
> pass!
>
> 〈Paul S. Meyer〉

강의실에서 여러분을 만날 것을 기대하며…
여러분을 사랑으로 섬기길 원하는 교수, 김의식

② 학생의 편지 – 학기 중 수업 후기

〈사례 1〉: 재미나서 힘나요

안녕하세요, 교수님. 어제 집에 와서 이메일을 확인하니 교수님으로부터 시 한 편이 도착했더군요. 누구로부터 시를 선물 받는 것은 참 오랜만이라서 반가웠답니다. 시를 감상하다 보니 저번 수업 시간에 언급하셨던 교내 쓰레기 문제에 생각이 미쳤습니다. 그때 이후로 제 생활을 다시 한번 돌아보게 되었답니다. 자신도 모르는 사이에 주변을 더럽히고 있지는

않은지 걱정이 되더라고요. 그러다 보니, 이 시 속의 갯벌처럼 우리 모두
가 공해를 정화시켜 줄 수 있는 사람이 되어야겠다는 생각을 했습니다.

갯벌의 행복학교

검은 연기 꿀꺽 삼킨 갯벌의 녹색배움터
입춘 지난 미추홀 담벼락
회양목, 사철나무, 둥근 주목에
방울달린 눈꽃들

라떼 커피 맛처럼
새내기들 꽃처럼 피어난다.

강의실 한구석에 추켜 세운 동공
가슴에 쌓인 물음표가 영산홍, 수수꽃다리, 백 철쭉 꽃잎에
태양 같은 열정이 출렁이고
비상하는 청둥오리, 혹부리 오리 날개 밑에
삼삼오오 짝을 지어
네 개의 창틀에 가득 담아
내일의 희망을 읽는다!

특히 4연에서 '삼삼오오 짝을 지어/ 네 개의 창틀에 가득 담아/

내일의 희망을 읽는다!' 이 구절은 진정한 대학생의 자세를 보여주는 것 같습니다. 물론 사람에 따라 이상적인 대학생의 모습은 다르겠지만, 서로를 인정하고 발전하는 모습도 대학생의 중요한 단면이 아닐까 생각해봅니다.

　-추신. 수요일 아침이라서 조금 바쁘기도 하지만, 할 수 있다고 생각하면 이루어진다는 생각으로 열심히 듣고 있습니다. 대학교에 처음 입학해서 듣는 교양 수업이라서 더 기대가 되는지도 모르겠습니다. 매 시간 영상을 통해 경영에 접근하는 방식은 참 흥미롭습니다. 끝으로, 항상 힘이 나는 수업 감사합니다.

경제학과 권태준 올림

〈사례 2〉 : 발표 많이 했어요!

　시간은 정말 빨리 가는 것 같습니다. '경영의 이해 수업'도 어느새 종강하고 다음 주가 벌써 시험이네요. 이번 목요 학습법 특강에서 '좋은 강의 추천 에세이' 공모전에 '경영의 이해'를 응모했는데, 아쉽게도 당선이 되지 못했네요. 아쉽습니다! 교수님 제가 '경영의 이해' 수업을 잘 어필하지 못했나 봅니다! 아무튼 1학기 동안 정말 고생 많으셨고요. 경영에 대한 전반적인 지식을 잘 쌓을 수 있어서 좋았습니다. 발표도 많이 했고, 카페에 피드백 올리는 제도도 좋아서 적극적으로 참여했습니다. 2반 반장으로서 할 일이 많지는 않았지만, "사장님"이라는 칭호도 듣기 좋았습니다.

아, 교수님! 그리고 2012년 상반기에 그린캠퍼스 기자단에 1차 합격했습니다. 다음 주에 면접 보러 가는데요, 합격하면 그 후기도 올리도록 하겠습니다. 인천 지역으로 지원했는데 인천대학교 아니면 인하대학교에서 활동할 것 같습니다. 최대한 우리 학교가 되도록 노력하겠습니다! 아무튼 감사합니다. 교수님! 다음 기회에 보면 꼭 인사드리도록 하겠습니다. 아니면 연구실로 찾아갈게요!

경영의 이해(화) 영문09 김주연

〈사례 3〉 : 현명하신 교수님!

안녕하세요, 교수님.

오늘 수업이 끝나고 돌아와서 교수님의 말씀을 되새기며 곰곰이 생각해 보았습니다. 교수님의 윤리철학이 가득한 강의를 듣고 있으면서도 저는 아직 많이 어린아이였나 봅니다. 저는 저와 함께 수업을 듣는 학우들을 진정으로 배려하고 이해하려 하지 않았습니다. 순간적인 화를 참지 못하고 현명하게 처신하지 못했습니다. 제가 교수님에게 보낸 메일은 분명 철없는 학생의 단순한 생각에서 나온 말이었고, 글이었습니다.

마지막 시간에 객관식 정답을 고친 학생들도, 이를 고발해야 했던 저도 아직 어리기에 행한 실수일 것입니다. 그러나 이런 상황에서 교수님이 내리신 현명한 판단은 비록 준비 없이 치러진 시험이라 할지라도, 제게 큰 감동으로 다가왔습니다. 학생들을 이해하고 보듬어주는 법을 몸소 보여주시면서 동시에 다들 준비가 되지 않은 상태에서 시험을 치르게 하신 점은 정말 공평한 처사였다고 생각됩니다. 아직 세상을 다 알지 못해 저와 다른 사람들을 이해하는 데 어려움을 겪는 젊은이입니다. 저의 사회에 대한 우매한 질문에 현명한 답을 보여주셔서 감사하다는 말씀 꼭 드리고 싶었습니다.

마지막으로 오늘 말씀해주셨던 SMART PLANNER를 한번 만들어 보았습니다. "생생하게 상상하고, 열렬하게 원하고, 진정으로 믿고, 열정을 다해 행동해서, 반드시 원하는 것을 이루도록 하겠습니다." 감사합니다!

좋은 하루 되시기를 바랍니다! 한송이

〈사례 4〉 : 영원히 잊지 않겠습니다!

나는 미국에서 고등학교를 졸업하고 대학을 다니다가 미국 생활과 공부가 맞지 않아 다시 한국에 돌아와 전문대학을 졸업하고 인천대학교로 편입을 했다. 사실 지난 2년간 전문대학에서 공부를 하면서 동시에 한국 생활에 적응하느라 힘든 적이 많았지만, 나에게는 편입이라는 목표가 있었기에 모든 역경을 이겨내고 무사히 졸업을 할 수 있었다. 인천대학교에서의 한 학기를 마치고 여름방학을 지나 다시 2학기 수강신청기간이 되었다. 전공과목 이외에 교양과목에도 흥미가 있었던 나는 무슨 수업을 들을지 고민하던 중 '경영의 이해'라는 과목이 눈에 띄었다. 장차 가업을 이어받을 계획이 있기 때문에 경영공부를 해야겠다는 생각이 있었고, 그래서 이 수업을 듣기로 결심하고 화요일 야간 시간으로 수강신청을 했다.

드디어 2학기 개강 후 첫 수업시간이 다가왔다. 첫 시간이라 다들 서먹서먹하고 서로를 모르기에 더욱 어색했다. 그때 김의식 교수님께서 강의실에 들어오셨다. 첫 시간임에도 불구하고 교수님의 말씀과 눈빛을 보고나니 뭔가 다른 교수님들과는 다르다는 느낌이 들었다. 그러면서 수업을 듣기 전까지 가지고 있던 생각이 조금씩 사라졌다. 그리고 앞으로 다가올 수업시간이 기다려졌다. 그렇게 한 주가 지나고 다시 수업시간이 돌아왔다. 출석체크가 끝나자마자 교수님께서 반장을 뽑아야 하니 하고 싶은 사람은 손을 들라고 말씀하셨다. 나는 전보다 적극적인 자세로 공부해야겠다는 생각이 있었기에 바로 손을 들었다. 그렇게 해서 나는 화요일 야간반 반장이 되었다.

돌이켜 보면 나의 학창시절 중 반장을 해본 적은 이번이 처음이었다. 반장선출 후 교수님께서는 학생들에게 조를 만들어 수업들을 때 항상 조별로 모여 앉아 공부하라고 하셨다. 대학사회에선 편입생, 복학생, 외국학생, 직장 다니며 공부하는 학생 등 다양한 학생들로 구성되어 있어서 서로 친해지기가 쉽지 않은데, 지금 생각해보면 이것은 모르는 학생들끼리 벽을 허물고 서로 빨리 친해지라는 교수님의 배려였던 것 같다. 또한 수업을 듣는 모든 학생들에게 사장이라는 칭호를 불러주시고 조원들 개개인마다 최고경영자급에 준하는 호칭들(CEO, CIO, CTO 등)을 붙여주셨다. 학생들을 고객으로 섬기는 이러한 교수님의 태도와 노력은 학생들에게 전해져 기존의 실망스러운 주입식 교육에 지쳐있던 나를 포함한 모든 학생들에게 엄청난 자신감과 용기를 일깨워 주었다.

그리고 매주 수업이 끝나고 Feedback을 카페에 올리게 해서 마치 일기를 쓰듯 그날 배운 수업내용을 다시금 기억할 수 있게 하셨다. 결과적으로 교수님의 이런 교육방법은 내재되어 있는 학생들의 무한한 잠재력과 가능성을 끄집어내어 그들이 훗날 성공하고 훌륭한 인물이 되는데 매우 큰 영향을 끼치게 될 것이라고 확신한다. 매주 수업이 끝나고 나는 교수님과 그날 배운 수업내용에 대해 이야기를 나눴고, 또 교수님의 연구실에도 자주 들러 강의자료 정리와 '김 교수카페' 관리를 성심성의껏 도와 드렸다.

하루는 시간이 너무 늦어 버스가 오질 않아 어머니를 불렀는데, 그때까지 일하고 계신 교수님을 보고 어머니도 놀라셨다. 이렇듯 열정적으로 수업에 임하시는 교수님을 보며, 나 자신도 학생신분으로서 최선을 다해 학업에 매달렸다. 특히 교수님께서 학생들과의 소통을 통해서, 학생들의 카운슬러 역할을 너무나 잘해주셨다. 그 결과 학점이 좋고 나쁨을 떠나, 전체적으로 이번 학기를 성공적으로 마칠 수 있었다.

수업시간에 교수님께서 말씀하신 "No를 On(부정을 긍정)으로 바꾸는 사람이 되자"를 좌우명으로 삼아, 오늘의 실패를 경험삼아 내일의 성공으로 바꾸는 삶을 살도록 노력할 것이며, 나 혼자만이 아닌 다른 사람들과도 더불어 좋은 인간관계를 맺고 살도록 노력할 것이다. 교수님께서는 학점만 잘 따는 것이나, 일의 결과에만 매달리지 말고 인성을 갖춘 학생이 되는 것이 더 중요하다고 강조하셨다.

나는 앞으로 대학 졸업 후, 기계공학과 대학원에 진학하여 학업을 계속할 계획을 가지고 있다. 대학원 공부를 하면서도 김의식 교수님의 가르침을 잊지 않고 매사에 긍정적으로 생각하고 또한 즐겁게 생활하며 공부할 것이다. 끝으로 한 학기 동안 수고해주신 부모님과 교수님께 진심으로 감사드리며, 같이 고생하며 수업을 들은 '경영의 이해' 화요일 야간 사장님들께도 감사드린다!

기계시스템공학부 4학년 이창희

"안녕하세요, 여러분의 '성공호' 선장 김의식입니다!"

김의식 교수님의 '경영의 이해'는 한마디로 말하자면 파격적인 강의라고 할 수 있다. 흔히 교수님이라는 직함을 가지신 분들은 위엄 있는 모습으로 학생들을 대하며 학생들과 학문적인 대화 이외에 다른 말씀은 아낀다. 그런데 김의식 교수님은 먼저 128명 정도 되는 학생들 앞에서 "안녕하세요, 여러분을 성공으로 이끌 <성공호>의 선장 김의식입니다."라는 말로 교수와 학습자의 벽을 허무는 것으로 대양으로의 항해를 시작하셨다.

내가 김의식 교수님을 처음 뵙게 된 건 '경영의 이해'라는 교양과목이었다. 흔히 대학생들에게 교양과목은 '전공에 비하면 조금은 소홀히 해도 되는 수업'이라는 안일한 인식이 있다. 그런데 대학교 3학년인 나에게 김의식 교수님의 '경영의 이해'는 교양과목에 대한 인식 자체를 전공만큼 필요한 수업으로 느끼게 하는 계기가 되었다. 처음 경영이라는 학문을 배우기 전에 아마 이 수업은 기업 경영에 관한 전문용어가 난무하는 이론중심의 수업일 것이라 생각했다. 그렇지만 수업 첫 시간부터 이러한 나의 생각은 완전히 산산조각 나 버렸다.

교수님은 '경영의 이해'라는 수업을 통해 먼저 자기 자신을 현명하게 경영할 줄 알아야 훗날 사회에서 리더가 될 수 있다는 점부터 일러주시며, 힘든 대학생활과 부정으로 얼룩진 우리의 마인드를 긍정으로 바꿔주시는 방향키 역할을 해 주셨다. 사실 이 긍정적 힘의 중요성은 우리 모두가 알고 있는 것이다. 그런데 막상 살아가면서 긍정적인 마인드를 실천하는 것은 결코 쉬운 것이 아니다. 특히, 대학생들은 취업이라는 난관 속에서 허우적거리고 있기 때문에 더더욱 자유 속에서 피어나는 긍정을 맛볼 수 없다. 과연 "내가 대학생으로서 무엇을 배웠으며, 어떤 것을 잘할 수 있고, 정말 사회인으로 우뚝 자립할 수 있나?" 하는 잡념들은 우리를 속박하며 사회 진출에 역효과만 발생시키고 있다.

이때 김의식 교수님은 '누구나 목표를 이루고 행동으로 실천하면 성공할 수 있다'는 긍정의 효과를 믿음으로 심어주시며, 인생의 황금기를 보내고 있는 대학생들의 잠재적인 가능성을 음지에서 따스한 양지로 끌어주셨다. 수많은 고난이 있었음에도 불구하고 이를 극복하며 일어선 많은 리더들과 교수님의 실제 경험 이야기, 자신감 회복을 위한 여러 가지 구호 외쳐보기 등. 처음 구호 외쳐보기를 했을 때는 사실 조금 창피한 면도 없진 않았지만, 이 모든 시간들이 행복을 원하는 내 자신에게 좀 더 솔직해질 수 있는 시간이었다. 행복을 원하기 때문에 긍정적이고 싶다면 먼저, '나는 행복하고 뭐든지 할 수 있는 사람'이란 마음부터 갖는 것이 좋고, 그러한 마음을 갖기 힘들다면 행동으로 먼저 실천해 보는 것이 좋다는 것을 배웠다. 그 행동이 바로 나는 긍정적인 사람이므로 무엇이든 할 수 있다는 자기 주문을 만들어 오늘도 나는 외치고 있다. 솔직히 처음에는 기존의 수업방식과는 달라서 납득이 안가는 부분이 많았다. 대학교육이 교수가 일방적으로 얘기하면 듣고 안 듣는 건 학생의 자유의사에 달려 있는 것이지, 입으로 따라 해라, 칠판에 나와서 써봐라. 전체 외쳐 봐라 등의 요구사항들 때문에 귀찮기 일쑤였다.

어쩌면 학생들이 교수님들에게 얻고자하는 것은 '학문적인 지식'이 아니라 '사람냄새를 품은 지혜'일지도 모른다. 우리 앞에 놓여있는 불안한 미래, 수많은 난관을 멋지게 헤쳐 나갈 지혜와 인생의 경험이야 말로 돈을 주고도 얻을 수 없는 귀중한 것이기 때문이다. 앞으로는 인간중심의 사회로 인간의 가치가 제일인 시대가 됐다. 이때 시대가 요구하는 바람직한 교수는 학습자와 소통하여 그들의 인생에 길잡이 역할을 해줄 수 있는 역할자다. 그런 면에서 김의식 교수님은 학생과의 교감으로 우리들의 목소리에 귀 기울여 주신다는 점에서 진심으로 감사를 표하고 싶다.

김의식 교수님은 "인생의 멘토", "'경영의 이해' 교수님" 등 오늘도 이렇게 수많은 이름으로 불리시며 우리를 성공호로 이끌고 계신다. 나는 교수님의 성공호에 탑승한 선원(승객이라도 좋다)인 것을 영광으로 알고, 성공이라는 목적지에 무사히 도달하여 그곳에서도 최고로 빛나는 제자가 될 수 있도록 노력할 것이다. 물론 성공이라는 최종 목적지로 향하는 동안 나에게는 수많은 시련이 있을 것을 나는 안다. 그러나 교수님의 긍정바이러스를 나눠 가진 이상, 시련과 위기도 기회로 바로 잡을 자신이 있기 때문에 큰 풍랑이 몰려와도 두려울 것이 없다. 마지막으로 밋밋했던 내 인생에 할 수 있다는 자신감을 불어 넣어주신 우리들의 김의식 교수님께 무한한 감사를 표시하며 '경영의 이해' 수강 소감을 마친다.

2. 일상 속에서 배우다

환경지킴이 운동

Yes Kim은 실천으로 가장 큰 배움을 얻을 수 있다고 생각한다. 그래서 그는 평소에도 캠퍼스 청소를 한다. 이를 본 학생들에게도 변화가 생기기 시작했다. 교내에서 쓰레기를 줍는 Yes Kim의 모습이 1차적으로 시각적 자극이 되었기 때문이다. 점차 학생들의 마음이 움직이기 시작하면서 마음의 변화로 이어진다. 그러나 여기서 그치면 안 된다. 학생들의 변화시키려면 자극이 더 필요하다. 자극 중에는 근육자극이 사람을 가장 빨리 변화시킨다. 체험학습은 바로 근육자극의 활용이다.

캠퍼스를 행복하게 하기 위해 학생들에게 마음을 열기 위한 체험학습에 참여하였던 한 학생은 다음과 같이 썼다.

〈사례 1〉: 체험학습 후기

　저는 이번 활동을 하면서 제 마인드 변화에 스스로 깜짝 놀라고 있습니다. 평소에 쓰레기를 길에 버리지는 않지만, 쓰레기가 버려져 있어도 결코 신경 쓰지 않고 지나가는 학생이었습니다. 그러나 이번 활동을 하면서 학교 주위를 돌아볼 기회가 생겼고 쓰레기가 바닥에 많이 있는 모습을 보고 깜짝 놀랐습니다. 평소에는 학교를 거닐 때 쓰레기를 보지 못했는데 이번 활동을 하면서, 신경 쓰지 않아도 캠퍼스 안의 쓰레기가 그냥 보이더라고요.

　특히 저는 쓰레기 중에서 가장 많이 눈에 뜨인 담배꽁초의 해결을 가장 크게 생각했는데요, 컨벤션 계단 등 모든 건물이나 길바닥에는 담배꽁초가 너무나도 많았습니다.
　학교 측은 담배꽁초에 대해 고민해야 할 것이고, 버리는 사람 역시 이에 대한 반성을 해야겠지요. 그리고 기말고사 때 도서관에는 많은 학생들로 북적이는데, 사람이 많아서인지 그와 비례하여 쓰레기가 너무 많이 떨어져 있었습니다. 특히 밤시간대에는 평소보다 더 많이 떨어져 있었습니다.

　환경지킴이 활동을 처음 할 때는 선뜻 행동하기가 힘들었어요. 그런데 한번 하니깐 그냥 쉽게 할 수 있었고, '학교에 도움이 된 것이 아닐까'라는 생각을 하면서 뿌듯했습니다. 학교에 대한 학생들의 주인의식 필요성을 절실히 느꼈습니다. 여러분! 제발, 모두들 쓰레기를 버리지 마세요. 캠퍼스가 나의 방이라면 쓰레기 특히 담배꽁초를 함부로 버리진 않겠지요!

환경지킴에 관한 Yes Kim의 한 일화가 있다.

어느 날 Yes Kim이 수업을 마치고 가는 길이었다. 기초교육원 제12호관 4층 계단을 내려오는 도중 그를 앞질러 남녀학생이 손을 잡고 내려가면서, 남학생이 피운 담배꽁초를 계단에 버리며 침을 뱉는 것이 아닌가.

이 광경을 뒤에서 본 김 교수는 학생들의 발길을 멈추게 한 뒤,

"학생, 내가 기초교육원 교수인데 잘못 가르쳐서 이런 일이 발생했으니 내가 학생이 뱉은 이 가래침을 내 혀로 핥고자 하네!"라고 말하며 무릎을 꿇었다.

그 순간 학생은 "교수님 제가 잘못했습니다."하며 황급히 여학생이 가지고 있는 핸드백에서 휴지를 꺼내 침을 닦았다.

그는 환한 얼굴로 두 학생을 격려해 주며 같이 캠퍼스 환경지킴이가 되어 줄 것을 당부하였다. 이 소문이 퍼져 나가면서 환경 지킴이를 자원하는 학생들이 많이 늘어났고, 캠퍼스 여기저기에서 그린 캠퍼스 운동이 확산되어 나가게 되었다.

〈사례 2〉 : 좋은 인연

대학에서 전공이 아닌 과목에 참여하는 것은 쉬운 일이 아니다. 하지만 대학교 내에서도 비전공 과목을 쉽게 접할 수 있는 기회가 있는데, 그것이 바로 교양수업이다. 전공 이외에 다른 지식을 배우고 익힐 수 있다는 것이 교양과목의 큰 장점이자 매력이다. 특히, 우리 대학교에는 인기 있는 교양수업이 많다. 교양과목을 전담하는 기초교육원을 신설해 교양과목의 특성화를 기하기 때문이다. 학생들에게 교양수업이 인기 있는 이유에는 수업내용도 있겠지만, 무엇보다 교수님들의 영향력이 크기 때문이다. 좋은 교수님은 좋은 학생을 만들어내고, 이것은 좋은 인연을 만들어낸다. 바로 지난 학기에 나는 좋은 교수님을 만났다. 한 학기 동안 내가 들었던 교양과목은 김의식 교수님의 '경영의 이해'였다. '경영의 이해'라는 제목부터 흥미를 끌었다. 비록 공과대학생이지만 경영에 대해서도 큰 관심을 가지고 있던 터라 한 학기 동안 이 과목에 깊이 빠져들고 싶었다.

김의식 교수님과의 첫 만남이었던 첫 번째 시간이 아직도 생생하게 기억난다. 무언가 확실한 기대감에 찬 교수님의 눈빛은 학생들 모두를 사로잡았다. 이 과목 학생들은 결코 적은 숫자가 아니었다. 교내에 설치된 몇 안 되는 대형 강의실에서 수업이 진행되었다.

교수님의 첫 가르침은 수업을 위한 구호였다. 난생 처음 듣는 수업구호였다. 처음에는 이상하고 어색했으나, 이 구호가 나중에는 엄청난 힘을 발휘하였다. 구호 내용은 이렇다. "생생하게 상상하고, 열렬하게 원하며, 진정으로 믿고, 열정을 다해 행동하면, 그것이 무엇이든지 반드시 이루어진다!" 이 구호의 외침은 우리 수업의 시작과 끝을 알렸다. 그리고 우리 모두를 단결시키는 힘의 원동력이 되기도 했다. 이 단결력 덕분에 이 과목을 듣는 학생들 모두가 하나 된 마음이었다.

김의식 교수님은 '모두 그리고 함께' 학습하기를 원하셨다. 물론, 수업은 한 강의실 안에서 이루어졌다. 여기서 '모두 그리고 함께'는 서로에게 힘이 되어주는 상호작용을 의미한다.

교수님은 수업시간외에도 커뮤니티 형성을 할 수 있는 인터넷 카페를 개설하셨다. 그곳에서 학생들은 그날 들었던 수업소감문을 올리고, 수업내용에 대해서도 이야기할 수 있었다. 또한 수업시간에 배웠던 전반적인 내용들에 관한 자료들을 공유하며, 자신이 정리한 수업노트를 올리기도 했다. 이렇게 함으로써, 서로의 지식을 공유하는 CKO Chief Knowledge Officer 활동을 할 수 있었다. 인터넷 카페 덕분에 학생들은 더욱 많은 것을 서로에게서 배우고 친분도 쌓을 수 있었다. 교양수업은 교양을 배우는 시간이면서 동시에 비전공 수업이다. 그렇기 때문에 서로 다른 전공을 배우는 학생들이 함께 과목을 배운다. 배우고 있는 것들도 다르기 때문에 서로가 생각하는 것도 다르다. 이 때문에 서로 다른 생각들을 말하며 공유할 수 있었고, 이는 자신의 생각에 대한 폭을 넓힐 수 있는 좋은 기회가 될 수 있었다.

수업시간 외에도 교수님의 가르침은 계속되었다. 바로 그린캠퍼스 활동이었다. 그린캠퍼스 활동은 학생들 스스로 캠퍼스 주변에 쓰레기를 주워서 깨끗한 캠퍼스로 만드는 일이었다. 교수님은 이미 오래전부터 그린캠퍼스를 위해 이 행동을 실천해오고 계셨다. 아침 출근길에 캠퍼스를 들어오시면서 쓰레기를 주우셨다. 그런 교수님의 모습을 보며, 수업을 듣는 학생들이 하나둘씩 캠퍼스에서 쓰레기를 주웠다. 모두가 그린캠퍼스를 위한 순수한 마음에서 비롯된 행동이었다. 그렇게 이 과목에 참여하는 학생 모두가 캠퍼스 환경 도우미가 되었다. 그린 캠퍼스 활동은 학생들에게 환경문제를 인식하고 그것을 바로잡기 위한 실천을 행동으로 옮길 수 있는 활동이었다. 이 활동은 매우 인상적이었으며 종강된 지금까지도 여전히 실천 중이다.

김의식 교수님은 이처럼 모두가 함께하는 수업을 꿈꾸셨고, 그 꿈을 이루어내셨다. 이 모든 것은 교수님의 열정에서 비롯된 것이었다. 우리는 함께하는 법을 배웠으며, 더불어 좋은 교수님 밑에서 좋은 학생이 될 수 있었다.

이처럼 수업을 통해 좋은 교수님과 인연을 만들 수 있었다는 것은 큰 행복이 아닐 수 없다. 이 글을 통해서 항상 좋은 강의를 위해 애쓰시는 교수님께 감사의 마음을 전하고 싶다.

인천대학교 안전공학과 3학년 주윤복

3. 학부모의 반응

학생이 즐거우면 부모도 춤을 춘다

대부분의 학부모는 자녀가 고등학교 재학 시 대학 입시를 위해 많은 관심을 갖고, 일단 대학에 입학하고 나면 관심이 적은 것이 상례이다. 그러나 한 학생의 부모는 자신의 자녀가 수업에 재미를 느끼고 달라지는 모습을 보였고, 자녀와의 대화를 통해 '도대체 김 교수라는 분이 어떤 분인가' 해서 학교를 찾아오기까지 했다.

아래 글은 2010년 1학년 2학기 Yes Kim의 초빙교수 시절 수업을 들은 공진솔 학생의 어머니 김순희씨(초등학교 교사)의 글이다.

자식의 꿈에 맞는 학교를 찾는 부모

우리나라 속담에 단 한 줄의 평범하고도 절묘한 말이 있다. "고슴도치도 제 새끼는 예쁘다!"는 말이다. 그 말을 들을 때마다 고개를 끄덕이며 웃는다. 어느 부모가 자신의 자녀들이 행복하기를 간절히 바라지 않는 부모가 있을까? 하지만 요즘 세상에는 많은 부모들이 정작 아이들의 행복을 빼앗으면서 대리 만족을 즐기고 있다.

창조주로부터 나에게 선물로 주신 자녀를 어떻게 키워야 잘 키울 것인지가 모든 부모들의 공통된 고민이다. 하지만 내 자녀가 태어날 때 '이 땅에 태어난 사명이 무엇인가'보다는 자녀를 자신의 소유로 여기며 자신이 생각하고 자신이 원하는 작품으로 만들려고 경제적 투자와 수많은 노력을 하고 있다. 나 역시 예외가 아니라는 걸, 바른 말 잘하는 딸의 말을 통하여 알게 되었다. 어쩌다 엄마의 기대를 전하는 말 한마디에 "부담주지 마세요!", 조심스레 하는 한마디 충고에 "난 엄마랑 달라요!", 엄마노릇 한번 한답시고 큰 맘 한 번 쓰면 "엄마도 ○○엄마들과 다를 바 없네요!"라는 퉁명스러운 말을 들을 때, 나 자신을 되돌아보게 되었다. 난 좀 다르다는 생각을 하고 있었는데, 역시 '자식을 사랑한다는 핑계로 자식에게 집착하는 건 나도 어쩔 수 없다'는 생각에 마음이 무거웠다. 몇 년 전 '부자들의 자녀교육'이란 책을 들고, '세계의 부자들은 무엇을 배우고 어떻게 가르치는지'와 '부자들의 자녀교육에는 어떤 비전이 담겨있나' 알고 싶어 읽은 적이 있다. 이름만 들어도 알 만한 부자들의 자녀교육법 속에는 부자가 될 수 있는 전략이 가득했다.

빌 게이츠는 독서가 정보수집의 보물이자 새로운 아이디어를 만드는 원천이라고 하였다. 록펠러는 돈은 노력을 해서 벌어야 하고,

돈을 낭비하지 말고 절제하는 습관을 익히기 위해 용돈 교육을 철저히 시키라고 했다. 미국최초의 억만장자 폴 게티는 주인의식을 갖고 일을 해야 한다며 '일의 중요성을 가르치라'고 했다. 기부가족을 만든 워렌 버핏의 자녀교육은 '독립적으로 사는 법을 가르치라'고 했으며, 세계적인 보디빌더 아널드 슈워제네거는 '자기훈련의 습관을 들여라'라고 했다. 위기극복의 비결과 상상력을 가르친 해리포터 시리즈 작가 조앤 롤링 부모의 자녀교육은 '문제해결능력을 키워라'였다. 문제해결능력을 키우는 것은 부모가 자녀 앞에서 모범을 보이는 것부터 시작된다고 하였다. 부자들의 자녀교육을 정리해보면 "책을 많이 읽어라, 절약정신을 통한 경제교육을 하라, 열심히 일하라, 독립적으로 살아가라, 자기훈련의 습관을 들여라, 문제해결능력을 키우라"는 것이다. 이 모든 것들이 부모가 자녀들 앞에서 모범을 보이는 것부터 시작해야 한다고 말한다.

부자들의 자녀교육 1 : 절약 정신과 경제관념

내가 부자들의 자녀교육을 읽고 깜짝 놀란 사실 두 가지가 있었다. 하나는 부자들의 절약정신과 경제교육이다. 부자들은 돈의 가치를 소중히 여기지만 소비에는 관심이 없다고 생각했었는데 록펠러 가문은 일하지 않으면 절대 용돈을 주지 않았고, 용돈기입장을 쓰지 않아도 용돈을 주지 않았다고 한다. 월마트의 창시자 '샘 월튼'도 절약정신을 가정에서 실천하면서 모든 사람들이 절약할 수 있도록 월마트를 창업했다고 한다. 그 이유가 모두 '부富'를 지킬 수 있는 능력을 어려서부터 가정교육을 통해 키우기 위해서다.

경제교육을 철저히 시킨 부자마인드를 배우고자 교육현장에서 가장 등한시 되고 있는 경제교육을 5학년인 우리 반을 대상으로 교실에서 아이들에게 실천해 보기로 했다. 기대되는 마음으로 용돈기입장을 준비시키고, 우리 반 전체 용돈의 흐름에 관한 표와 그래프를 그려놓고 절약정신을 몸에 익히기 위해 자신이 스스로 일을 해서 용돈을 벌어 용돈기입장을 한 학기 동안 쓰도록 했다. 그러나 결과는 실패였다. 부모들은 일할 시간에 차라리 공부를 하라며, 필요한 용돈은 부모인 자신이 줄 테니 공부만 열심히 하라는 것이었다. 록펠러 가문에서 어려서부터 용돈기입장을 쓰게 하고, 억만장자인 샘 월튼의 가문에서 절약정신을 생활화하도록 경제교육을 철저히 시킨 것과는 정반대이다. 요즘 교육을 통해서 가장 하기 어려운 부분이 바로 헝그리 정신을 가르치는 것이라고 한다. 돈으로 안 되는 일이 없는 물질만능시대에 돈으로 할 수 없는 일이기 때문이다.

나는 어린 시절 아주 가난하게 살았다. 하지만 돈의 씀씀이는 작지 않았다. 착하고 공부를 열심히 하니까 돈을 달라는 대로 주신 엄마 덕분에 궁색하게 살지 않아서인지 아니면 타고난 기질인지는 정확히 알 수 없다. 하지만 천 원을 들고 시장에 가면 천 원을 다 쓰고 와야 하는 줄 알고 절대 거스름돈을 남겨오지 않았다. 그런

습관에 젖어 어른이 되어서도 돈의 소중함을 느끼지 못했다. 저축하기보다는 사고 싶은 것은 다 사고, 하고 싶은 것을 다하고 사는 행복한 사람이긴 했지만 그로 인한 대가는 생각조차 할 수 없을 만큼 톡톡히 치러야 했다.

반면 내 딸 진솔이는 어려서부터 경제관념이 뚜렷하여 절약하고 저축하려는 습관이 길러졌다. 그래서 지금도 일을 해서 돈을 벌어 써야한다고 생각하여, 수능 이후 학원 영어 선생님의 조교를 하고, 지금도 학기 중 아르바이트를 하면서 공부하는 모습이 예사롭게 보이지를 않는다. 모든 부모들이 부자마인드로 절약정신을 몸소 가르치는 것이 공부를 열심히 하라고 교육하는 것보다 훨씬 더 중요하다고 생각한다. 왜냐하면 공부만 잘해서 부자가 될 수 없다. 소득보다 지출이 더 많으면 풍부 속에 빈곤, 즉 재난財難이 오기 때문이다. 대부분의 가정에서 경제교육은 등한시되고 있으며 우리나라 교육과정에서 경제교육부분은 특히 소홀히 취급되고 있다. 이것이 결국 우리자녀들의 불안한 미래를 더욱 불안하게 만들고 더 나아가 그 인생을 더욱 불행하게 만드는 결과를 초래하게 되는 것이다.

부자들의 자녀교육 2 : 책을 많이 읽어라

부자들의 자녀교육을 통해 깨달은 두 번째는 '책을 많이 읽어야 한다'는 것이다. 조앤 롤링의 글쓰기 방법은 어린 시절부터 부모의 책 읽어주는 것에서 형성되었고 정보수집 습관도 책읽기부터 시작되었다고 한다. 빌 게이츠와 워렌 버핏도 다른 사람의 독서량의 5배가 넘었다고 한다. 지식 속에 부자가 되는 성공의 길이 있다. 독서를 통해 지식을 얻어 정보를 습득하게 되면서 인격도 변화되는 것이다.

인생을 성공적으로 살아가는데 독서가 얼마나 중요한지 모른다. 나도 책을 많이 읽지 못한 것에 대한 아쉬움이 크다. 내가 서울에서 대학을 다니는 4년 동안, 내 또래이면서 초등학교 3학년밖에 다니지 못한 거지소녀가 책을 400권을 읽었다는 간증을 들은 적이 있다. 그 사람이 쓴 책 '찔레꽃 그 여자'는 베스트셀러가 되었고, 지금은 나보다 훨씬 훌륭한 삶을 살고 있는 걸 보면서 부러워한 적이 있다. '책을 두 권 읽은 사람이 한 권 읽은 사람을 지배한다.'는 에이브람 링컨의 말이 딱 맞다. 진솔이가 대학생이 되면서 영문학을 공부하게 되고 영어동화책부터 읽기 시작하는 걸 보면, 그 꿈은 이미 이루어진 듯싶다.

진솔이 동생은 만 3살 때부터 말하기 시작하면서 글씨에도 관심을 가지고 책을 손에 빨리 들었다. 많은 책을 읽어서인지 우리 가족 모두가 따라가지 못할 정보력을 가지고 있어 자랑스럽다. 반면 진솔이는 책보다는 활동적이고 사교적이어서 주로 밖으로 돌았다. 그런데 대학생이 되면서 독서량이 늘어 서양문학을 원어로 공부할 능력을 갖추어가고, 영어책을 번역하고 영어공부를 열심히 하는 모습을 보니 기특하고 감동적이었다. 세계명작을 읽는 것이 전공

공부가 되고, 외화나 외국드라마를 보는 것도 학습의 일부분이고, 영어를 통해서 책을 손에 드는 습관이 생기게 되어 무엇보다 기쁘다. 생각지도 않았던 영어영문학과를 가게 되어 모든 꿈이 한꺼번에 이루어진 것 같은 느낌도 든다.

나도 자녀교육이나 나의 성공적인 삶에 대해 특별한 열정을 가지고 있다. 진솔이가 다섯 살 때, 나는 자녀교육의 남다른 열정으로 시사영어사에서 추천받아 외국인 선생님을 모셔서 집에서 그룹과외를 시킨 적이 있었다. 그런데 시간이 흘러도 아이들의 영어실력이 제자리걸음이었다. 선생님이 6개월마다 바뀐다는 사실을 알고 나서는 영어 학원을 보냈으나 마찬가지였다. 6개월 여행비자로 오신 분들이 가르치다 가시곤 했던 것이다.

학원을 힘들어하고 공부를 강요하는 건 누구보다 싫어했던 진솔이를 엄마의 뜻대로 키우기란 쉬운 일이 아니었다. 진솔이가 5살 때 아파트 옆 동에 사신 피아노학원 원장님께 피아노 개인레슨을 시킨 적이 있다. 어떻게 배우는지 궁금해서 연습하는 모습을 지켜보면서 "이렇게 하는 거야"하고 손가락을 하나 바꾸라고 간섭했더니 "나 그만 할래" 그러는 것이었다. 그 이후부터는 되도록이면 진솔이의 생활을 간섭하지 않았고 끈을 느슨하게 잡고 조절하는 교육을 하게 됐다. 까칠한 성격에 바른 소리 잘하고 키는 작은 딸에 대해서도 '까칠해서 아무 남자들이 건드리지 않겠구나!' '바른 소리 잘

해야 하는 직업을 선택하면 되겠구나!' '키는 작지만 정신적인 키는 누구보다 크겠구나!'라는 절대긍정의 마인드를 갖기 시작했다.

한편, 아들은 성품이 온화하고 책도 많이 읽고 공부를 잘하는데, 느리고 주변정리를 잘하지 못한다. 그래서 아침마다 교복을 어디에 두었는지 찾고 다니는, 그야말로 생활면에서 대책이 없는 편이다. 교복을 아무데나 두고 찾는 모습을 보면서 "하늘에 뜻을 두고 사는 우리 아들은 땅에 있는 교복에는 관심이 없는 거지 뭐!"라고 말하면 아들은 웃는다. 무엇보다 아이들은 잘못한 걸 지적하고 간섭하면 굉장히 싫어한다. 그 사실을 알아차린 나는 잘못한 것도 단점도 '자녀에게 이롭게 생각하자.' '문제는 있지만 문제를 건강하게 해결하자'는 마음으로 대하려고 노력했다.

최대한 스트레스를 주지 않고 교육하려고 애썼지만, 진솔이는 '엄마점수 90점', 아들은 '엄마점수 85점'을 주었다. 아들이 준 점수가 너무 짜다고 했더니 "인간이 어떻게 백 점을 받을 수 있느냐"고 한다. 가방정리는 못해도 노트정리는 철저한 아들의 객관적이고 과학적인 성향을 알 수 있었다. 두 남매를 키우면서, 교직생활을 통해 '절대 잔소리로 지적하거나 간섭해서는 인간을 변화시킬 수 없다'는 것과 '사람의 말로 사람을 바꿀 수 없다'는 진리를 깨달았다. 그 후부터 아이들에게 바라는 것, 기대한 것, 그들의 꿈을 다 이어리에 적어놓고 기도로 꿈을 시각화시켜 나가기 시작했다.

중세시대에 쌍벽을 이룬 '성 어거스틴'과 '네로황제'의 뒤에는 그들의 어머니가 있었다. 어거스틴의 어머니 '모니카'와 네로의 어머니 '아그리피나 2세'였다. 두 어머니는 자식을 너무 사랑했다. 그러나 자식을 사랑하는 방법이 달랐다. 어거스틴은 술과 이단 그리고 도박과 여자에 빠져 방탕한 생활을 한 반면, 네로는 다재다능하고 외모 준수한 모범생이었다.

모니카는 어거스틴이 변화되기 위해 눈물로 수많은 세월을 기도했다고 한다. 아그리피나 2세는 네로를 황제로 만들기 위해 남편을 죽이고 아들을 왕으로 세웠다. 왕이 된 네로왕은 내정에 간섭하는 엄마를 죽이고 폭군 네로황제가 된다. 그러나 어거스틴은 새롭게 변화되어 중세시대 신교와 구교를 초월하여 존경받는 성 어거스틴이 된다.

나에게 있어 자녀교육의 롤 모델은 성 어거스틴의 어머니 '모니카'다. 진솔이가 온유하고 겸손하며 순종하는 딸이었으면 키우기가 쉬웠으련만 사춘기가 된 진솔이는 우리 부부를 너무 힘들게 했다. 하지만 우리부부는 기도하기로 했다. 딸에게 하고 싶은 모든 말을 기도로 했다. 지금까지 하루도 빠지지 않고, 고쳤으면 하는 것과 바라는 것, 꿈까지 노트에 적어놓고 기도한다. 모든 기도의 내용이 하나씩 하나씩 이루어지고 있다. 그리고 더 좋은 것으로 이루어지고 있고 더 큰 열매를 보게 되며 꿈이 계속 생기고 커지고 자라고 있다.

꿈대로 되는 진솔한 딸!

사랑하는 내 딸 진솔이가 요즘 들어 부쩍 성숙했다는 사실에 소름이 끼친다. 사람은 '이름대로 산다.'는 말이 있다. 옛 고서에 호랑이는 죽어서 가죽을 남기고 사람은 죽어서 이름을 남긴다고도 했다. 좋은 이름은 부르면 부를수록 그 사람에게 좋은 작용을 줘서 행운이 열리고, 나쁜 이름은 부르면 부를수록 나쁜 작용을 일으켜 여러 가지 좌절, 실패, 고난 등으로 좋지 않은 일이 일어난다고 생각하는 사람이 많아 성명학이 유행하고 있다.

진솔이가 태어나자마자 이름을 지었는데 자라가면서 어쩌면 '진' 소리답게 '바른 소리 잘하는' 걸 보면서 깜짝 놀랐다. 그래서 딸의 생각과 적성은 전혀 관계없이 '진솔한 변호사'라고 불렀다. 진솔이가 변호사의 꿈을 꾸게 했다. 이것이 부모의 욕심이 아닌가? 그런데 막상 입시생이 되고 딸의 진로를 결정할 때가 되니 심사숙고하게 되었다. 내가 학교생활을 하면서 진솔이가 교사가 되었으면 하는 생각은 한 번도 해본 적이 없었다. 어느 날 문득 복도를 지나가는데 '활동범위가 넓고, 하고 싶은 것도 많고, 예체능도 잘하는 진솔이가 교실에서 학급을 경영하면 누구보다 야무지게 잘할 것 같다'는 생각이 들었다.

"진솔아 하고픈 일이 뭐니?"

"엄마 아직도 잘 모르겠어."

"그래, 엄마 생각인데 혹시 아이들을 가르치는 교사가 되는 것은 어떻게 생각하니?"

초등학교 때 엄마를 따라 학교를 다녀서인지, 학교에 대한 이미지가 나쁘진 않았고, 진솔이가 말하는 것에 비해 순수하고 마음이 여린 면이 있다. 물론 이건 어디까지나 부모의 짐작이다. 실제로 그런 마음이 있는지는 알 수 없는 노릇이지만, 진솔이도 하고 싶은 마음이 있는지 열심히 공부해보겠다고 하며 최선의 노력으로 최고의 결과를 내었다.

진솔이가 교사가 되는 꿈을 위하여 아빠가 알아보고 예비해둔 학교가 인천대학교 영어영문학과였다. 나는 재수를 권했으나 진솔이는 인천대학교에 합격하기를 간절히 소망했다. 결국 인천대학교에 지원서를 접수한 아빠는 '국가가 진솔이를 위해 세운 대학교'라며 한 번 가보자고 했다. 우리 셋은 송도에 있는 대학캠퍼스에 도착했고, 캠퍼스를 둘러 본 우리는 매우 만족했다. 진솔이가 대학에 합격하여 다니게 된 것처럼 기뻐하며 합격하기만을 기다렸다.

아빠는 진솔이의 신앙과 절제된 대학생활을 위해 집에서 통학하기를 원했으며, 국립대학을 선호했다. 그때 여기에 딱 맞는 곳이 인천대학교였다. '교직이수'를 하면 중등교사를 할 수 있으니 오히려 잘되었다고 감사했다. 합리화시킨 것 같지만 우리 가족은 꿈을 아름답고 행복하게 만들어 갈 수 있기 때문에 좋았다. 아빠와 엄마는 지방에서 남들이 명문대학이라고 하는 서울에 있는 대학교를 나왔는데, 우리 부부보다 더 똑똑한 딸이 서울에 원하는 대학에 가지 못함이 안쓰럽기도 하고 평생 살아가면서 학벌에 대한 열등의식을 갖지 않을까 하는 마음에 눈물이 핑 도는 순간이 없진 않았다. 혹시나 딸에게도 그런 마음이 있지 않나 싶어 슬쩍 떠보니 조금도 그런 마음을 가지지 않고 무척 만족해하며 더 큰 꿈을 향해 참으로 열심히 살아가는 모습이 나를 더 감동시켜 주었다.

진솔이는 학교를 다니면서 1학년 때는 영어학원 선생님의 조교, 2학년 때는 대학교 어학원, 고등학교 방과 후 활동, 멘토링 등 꾸준히 아르바이트를 하면서도 좋은 성적으로 장학금을 한 번도 놓치지 않았다. 진솔이의 대학생활을 보면서 어떤 지역, 어떤 대학교를 다니는지도 중요하지만 어떻게 대학생활을 하느냐가 더 중요하다고 생각하게 되었고 지금은 딸에게 박수를 보낸다.

진솔이는 1학년 때 목표가 확실히 굳혀져 학과 공부와 더불어 교직과목을 충실히 이수해 나가는 가운데, 여름 방학에는 필리핀에서 봉사활동을 겸한 영어 연수에 전념하였고 교직에 필요한 국사 시험에서도 100점을 받았다.

좋은 만남이 곧 나를 높인다

대학생활을 열심히 하는 진솔에게 드디어 행운이 찾아왔다. 수업 시간에 사제지간으로 만난 '경영의 이해' 김의식 교수님과의 만남은 축복의 기회였다. 진솔이가 '경영의 이해' 수업을 듣고 온 날은 신나는 날이다. 수업시간에 있었던 내용을 설명하느라고 정신이 없다. 교수님께서 보여준 '도요타의 위기', '스티븐 잡스의 성공담', '바디샵' 등 다양한 동영상에 대한 줄거리를 설명하고 발표한 내용을 읽어주며 교수님 자랑과 수업 자랑을 늘어놓는다. 김 교수님은 차별화된 수업과 자기 주도적 수업을 통해 기업경영뿐만 아니라, 자신을 경영하는 방법까지 가르쳐주시고, 올바른 가치관을 심어줄 수 있는 수업을 하시며, '배워서 남 주는 삶'을 실천하는 요즘 보기 드문 분이셨다. 꼭 한 번 뵙고 싶다는 생각이 들었다.

그러던 어느 날, 나는 서점에서 『세계를 가슴에 품어라』라는 책을 드는 순간 깜짝 놀랐다. 그 책은 김 교수님이 반기문 총장님을 주인공으로 해서 쓴 책이었다. 나는 빠른 시간 내에 두 분을 일치시킬 수가 있었다. 김 교수님의 멘토가 반기문 총장님이었기 때문이다. 진솔이와 인천대 학생들은 김의식 교수님으로 인하여 큰 인연의 고리를 갖게 된 행운아들이다. 반기문 총장님의 성품과 가치관과 세계를 향한 비전이 김 교수님을 통하여 인천대학에 흘러가길 바란다.

나는 인천대학에서 진솔이가 김 교수님의 수업을 듣게 된 것과, 반기문 총장님께 편지를 드릴 수 있는 영광을 누리게 됨도 이미 계획된 기적 같은 일이라고 생각한다. 김의식 교수님이 여기까지 오시게 됨은 그 분 뒤에 반기문 유엔사무총장님이 계셨다. 고향 선배이자 멘토이신 반 총장님은 김 교수님뿐만 아니라, 대한민국 청소년들 모두의 롤 모델이 되어 세계를 향한 꿈을 가슴에 품고 한계를 뛰어넘는 제한 없는 비전에 도전할 것을 기대하고 계신다.

한국 청소년의 꿈을 높이는 유엔사무총장

한국인에게 긍지와 자부심을 한껏 안겨준 반 총장님은 국경을 초월한 이 시대의 진정한 리더십 모델이다. 이미 21세기 글로벌 인재로서 다양한 문화를 품어 안을 수 있는 커뮤니케이션 능력과 공감 능력으로 다른 사람에 대한 존중과 배려, 경청하는 자세로 서로 다름을 인정하고 수용하신 분이다. 그리하여 아프리카나 중동 등 후진국에서 더욱 인정하여 밀어주어 유엔사무총장이 되셨다고 한다.

반 총장님은 누구나 실천할 수는 있지만 아무나 실천하지 못하는 대인관계 예절로, 생명을 소중히 여기는 인간존중의 정신을 몸소 섬겨오셨다. 사람의 마음을 움직이신 '감동의 리더십'과, 어린 시절부터 반 총장님 자신이 가진 것에 대한 감사의 마음에서 온 '겸손의 리더십'이 인생성공의 비결이 아닌가 싶다.

반 총장님은 어린 시절 점심을 먹기 어려운 가난한 때, 친구가 자기의 도시락을 몰래 먹고 있는 걸 보신 선생님께서 혼내는 장면을 보고는 "선생님, 제가 먹으라고 했어요!" 하면서 친구를 감싸주셨다. 갑자기 생긴 약속이지만 중요인사와 함께 한 약속의 자리에서 후배와의 선약을 더 중요시 여기고 약속을 지킨 사례, 유엔사무총장이 되신 후에도 식당에서 먼저 허리 굽혀 다른 사람의 방석을 준비해주시는 겸손의 모습, 그리고 부모님의 상가에 찾아온 유명인사들 뒤에 묻힐 수도 있었던 고향친구들을 먼저 챙기는 모습에서 세계인을 품을 만한 덕과 긍휼의 마음을 읽을 수 있었다. 성품과 인품이 어려서부터 남다르고 '모든 사람의 마음을 살만큼 적이 없겠구나!' 하는 생각이 들었다.

카네기재단, 하버드대학, 스탠퍼드 연구원의 합동조사에 따르면, 직업에 상관없이 기술적인 능력과 전문지식이 취업과 승진에 미치는 영향이 15%정도이며, 나머지 85%가 사람에 관한 지식과 그들을 상대하는 기술에 좌우된다고 한다. 이에 비교해서 반 총장님은 PQ인성지수가 무척 높은 분인 것 같다.

반 총장은 자기 자신을 이해하고 다른 사람들과 효과적으로 의사소통하고 팀웍을 쌓는 능력으로 한국인으로서 미래에 세계무대의 주인공들이 될 우리 자녀들의 멘토가 될 수 있음에 부모로서도 영광이다. 한국인의 자랑인 인내와 끈기가 반 총장님의 리더십 덕목으로 평가받고 있다면 우리 청소년들도 꿈과 목표를 가지고 끝까지 도전하면 세계무대에서 국가경쟁력을 높일 수 있으리라 믿는다.

배워서 남 주는 삶

진솔이가 아시아의 뉴욕 송도 인천대학교를 다니면서부터 '유학을 가게 되면 유엔이 있는 뉴욕으로 보내 달라'고 기도했었다. 그런데 얼마 전 어느 목사님께서 "진솔이가 활달하고 사교적이고 영어를 잘하니 외교관이 될 것 같다."고 말해주셨다. 우연인지 필연인지 진솔이가 얼마 전 김 교수님을 통해 반기문 총장님께 편지를 쓰게 되면서 외교관이 되었으면 좋겠다고 한 것이었다. 나는 꿈을 품고 설레는 딸에게 주어진 꿈이 이루어지길 지금도 간절히 소망하고 있다.

김 교수님은 책 속에서 '반 총장님이야말로 아이들에게 글로벌 리더십을 가르쳐주신 이 시대의 최고의 인물'이라고 표현했다. 그렇게 극찬한 가장 큰 이유는 전 세계인을 대상으로 나눔의 삶을 실천하신 모델이었기 때문일 것이다. 우리가 열심히 공부하고 성공하고 부자가 되어야 할 궁극적인 목적은, 가진 것을 나누기 위해서다. 나눔이 없으면 진정한 행복을 맛보기 어렵고 사랑이 없이는 진정한 나눔을 실천하기 어렵다. 그러므로 '사랑이 곧 나눔이다.'라고 정의할 수 있다.

배워서 남 주는 삶은 그 마음의 중심에 '감사와 사랑'이 있어야 한다. 내가 받은 것에 대한 감사와 사람을 긍휼히 여기는 마음, 즉 사랑을 지구촌 곳곳에서 나누어 주신 분이 바로 반기문 총장님이다. 사랑하는 딸에게 가장 필요한 것은 반기문 총장님이 초등학교 교실에서 선생님 앞에서 친구에게 베풀었던 그 긍휼의 마음이다. 지구촌 곳곳에서 꽃피운 반기문 총장님의 사랑을 진솔이가 닮았으면 좋겠다.

2011년 8월 10일부터 12일까지 서울 신라호텔에서 '대학 총장님과 지구촌 학생대표들이 참석한 UN글로벌포럼UNAI'이 있었다. 진솔이는 신청을 못했지만, 김 교수님께서는 진솔이를 참여토록하여 외교관의 꿈을 피부로 느낄 수 있게끔 노력해 주셨다. 진솔이는 전날 수련회를 다녀와서 너무 지쳐 첫 날 저녁밖에 참석하지 못한 것을 무척 아쉬워했다. 한 사람이 꿈을 이루기 위해 온 우주가 돕는다고 했다. 진솔이 자리에 내가 대신 참석하여 '전달교육이라도 할 걸!' 하는 아쉬움이 남았다.

세계적으로 성공한 사람들을 인터뷰해 본 결과 두 가지 공통점이 있다고 한다. 어려서부터 책을 많이 읽었고 큰 꿈을 품었다는 것이다. 아무리 공부를 잘하고 지능이 높고 재능이 많아도 꿈이 없으면 '주어진 삶'만 살게 된다. 꿈이 있는 사람은 '만들어가는 삶'을 살아가게 된다. 그러나 그 꿈에도 두 가지 종류가 있다. 북아메리카와 남아메리카가 있는데 북아메리카는 청교도들이 신앙의 자유를 찾아서 간 땅이고, 남아메리카는 스페인들이 황금을 찾아서 간 땅이었다고 한다. 그러나 오랜 시간이 흐른 후에도 남아메리카가 황금을 찾아서 부자가 되지는 않았다. 즉, 아름답고 선한 꿈을 이루기 위해 드림빌딩하고 꿈을 시각화해 나가야 한다는 의미다.

또 이스라엘에는 '사해'와 '갈릴리바다'가 있다. 사해는 들어오는 물은 있는데 나가는 물줄기가 없다. 그래서 '죽은 바다'라고 한다. 그러나 갈릴리바다는 들어오는 물줄기도 있고 나가는 물줄기도 있어서 물고기들이 많고 풍부한 어장이라고 한다. 이렇듯 내가 가진 것을 흘려보냈을 때 더 많은 것을 얻게 되는 게 자연의 이치이다.

우리 자녀들이 '배워서 남 주자'는 모토를 가지고 반기문 총장님을 멘토로 하여 책을 많이 읽고 큰 꿈을 품도록 양육하자. 그러면 우리 자녀들이 자라서 세계를 무대로 한 손에는 책을 다른 한 손에는 꿈을 들고, 두 날개로 비상하며 세계경영에 동참하는 인물들이 될 것이다.

Basic
Basic

Yes Kim의 강의 분석

1. 학생의 관점에서 본
Yes Kim의 강의 분석

다음은 학생이 자신의 관점에서 Yes Kim의 강의를 분석한 내용이다.

저는 김의식 교수님의 경영수업을 들은 영어영문학과 공진솔입니다. 현재는 4학년입니다. 교수님의 교육 방법이 제 삶을 바꾸어 놓았기에 이렇게 감사의 글을 드리며, 그간의 경험을 정리해봅니다. 제가 한 학기 동안 수강한 '경영의 이해'의 특징이자 그 장점들입니다.

● 다름을 인정하신다

배우는 사람을 가장 불쾌하게 만드는 것 중 하나가 사람을 비교하는 것이다. 그것은 자신만의 특성을 인정해주지 않기 때문이다. 인간은 모두가 다르다. 다름을 인정하지 않으면 우리는 상대를 바로 볼 수가 없다. 다름을 인정하지 않을 때는 어떤 특정 기준을 가지고 그 기준으로 상대를 평가하므로, 정확하거나 진실하지 않다.

Yes Kim은 언제나 학생들의 다름을 인정한다. 다음 글에서 우리는 Yes Kim의 그런 태도를 볼 수 있다. 1학년 2학기 경영 수업을 마치고 난 후, 과목의 타이틀 '경영의 이해'에 그치지 않고, 경영 그 이상의 것을 배웠다. 교수님의 강의 방식은 '교육방법의 포트폴리오'라고 해도 과언이 아니다. 나는 한 학기 동안 다른 교양 수업에서는 겪어보지 못한 많은 방법들을 경험했다.

● 차별화를 통한 화합을 원하신다

차별화와 화합은 정반대의 의미이다. 하지만 김의식 교수님의 교육방식은 이 모순적인 말 안에 모든 것이 담겨있다. 나는 살아오면서 뒤처지는 아이들까지 모두 이끌고 가는 스승이 가장 훌륭한 스승이라고 생각했다. 하지만 요즘 같은 경쟁사회에서 그런 교육방식은 각광 받기도, 지켜 나가기도 어렵다.

그럼에도 불구하고 김의식 교수님께선 모두가 따라갈 수 있는 수업을 하신다. 그리고 또 다른 한편으로는 배움을 더 원하고 더 깊은 지식을 갈구하는 학생들에게도 새로운 배움의 기회를 주신다. 즉, 그 학생들이 성장해 나아갈 수 있게 '기회'라는 것으로 배려해 주시는 것이다. 그렇다고 해서 무턱대고 기회를 주시는 것이 아니다. 십인십색十人十色, 즉 사람마다 스타일이 다르듯이 그 학생의 여건에 맞는 기회를 주신다.

어느 날 수업시간이었다. 교수님은 내가 영문과인 것을 아시고 동기들과 함께 성공한 인물 중 스티브 잡스의 연설을 영어로 외워 앞에 나가서 발표할 수 있는 기회를 주셨다. 이렇게 각 학생들에게 적합한 과제를 내주시어 공부의 다른 이름인 발표를 할 수 있게 하셨다. 또한 각 학생들에게 각각 맞는 인사법으로 다문화 학생을 배려하시는 면모를 보이신다. 글로벌 시대를 맞아 한국의 여러 대학 캠퍼스에서는 많은 외국인 학생들을 흔히 볼 수 있다.

그런데 언젠가 한국사회에서 '왕따 외국인'이라는 사회문제가 떠오른 적이 있다. 한국말이 서툴고, 문화가 달라서 팀 과제가 있을 경우 한국 학생들이 외국인과 같은 팀 되기를 껄끄러워한다는 것이다. 이렇듯 외국인 학생들은 자연스레 한국인 학생들에게 소외되기 일쑤인데, 김의식 교수님께서는 이를 참 안타까워하셨다. 그리하여 출석 확인 때도, 각 외국인 학생에게 자국 말을 손수 메모까지 하셔서 최대한 친근감 있게 다가가셨다.

112

일: おげんきですか. [오겡끼데쓰까] - いいです [이이데쓰]

중: 你好吗？ [니 하오 마] - 我很好 [워 헌 하오]

<아침 인사>

영: Good morning

일: おはようございます [오하요우고자이마쓰]

중: 무上好 [쟈오 상 하오]

<첫 만남 인사>

영: Nice to meet you

일: はじめまして [하지메마시테]

중: 认识你很高兴 [런슬 니 헌 가오 씽]

이렇게 강의실에 울려 퍼지는 다국적 인사말은 외국 학생들에게 편안함을 느끼게 해줄 뿐 아니라, 손수 모범을 보이심으로써 한국학생들에게도 관심을 유발시켜 외국학생에 대한 거부감을 줄여주었다.

출석뿐 아니라 수업 중간 중간에도 그 학생들이 수업을 잘 따라오는지 체크하시며, 다수가 아니라 정말 모두가 함께하는 수업을 만드신다. 또한 체계적으로 한국 학생과 1 대 1 지정 멘토, 또는 몇 명에 대한 1명 리더를 배정하여 학습 효과를 제고하고자 노력하셨다.

● 학생의 주도적인 역할을 고취하신다

다른 교양과 김의식 교수님의 강의에 가장 큰 차이가 있다면, 그것은 학생들의 주도적인 역할 유무일 것이다. 아직 1학년이라서 많은 교양 수업을 수강한 것은 아니지만, 지금까지 5개의 교양과목을 들어봤을 때 가장 기대치가 높은 과목은 '경영의 이해'였다. 제목에서는 결코 유추하기 힘든 교수님의 이 방식은 나를 매료시키기에 충분했다.

학생이 앞에 나와서 프레젠테이션을 이용하여 '학생 교수'로서 강의할 기회도 주시고, 팀을 만들어 팀원들이 가진 지식을 공유하는 기회도 주셨다. 또한 다른 교양과는 달리 교수님 자신만의 카페를 만들어서 수강생들이 이번 주 수업에서 느꼈던 점을 바로 피드백 할 수 있는 공간을 만들어주셨다. 그 공간은 피드백뿐만 아니라 학생들이 자신의 언어로 표현함으로써 수강생들의 글쓰기 능력을 고취시키고, 생각의 장을 열어주었다.

● 다양화를 보여주신다

김의식 교수님의 강의는 '경영학'이라는 교과서에서 그치지 않으셨다. 시간마다 파워포인트나 동영상을 보여주시며 그 시간에 배웠던 대목과 연결할 수 있는 응용력을 길러주셨다. 교수님은 응용력에서 그치지 않고 더 나아가 경험을 통하여 대학이란 틀에 갇힌 학생들이 알지 못하는 세계에 대해서도 말씀해 주셨다. 때문에 많은 통찰력을 가지게 되었고, 세상에 대한 관점이 바뀐 부분도 있었다. 또한 교과서에 나오는 A부터 Z까지 N-Leader의 요건을 외우는 식의 방법으로 모두가 확실히 알게끔 하셨다.

또한 교수님께서는 먼 얘기가 아닌 우리 삶에 가까워서, 큰 괴리감을 느끼지 않을 주제를 가지고 기업의 경영뿐만 아니라, 자기 인생 경영에 대해서도 많은 가르침을 주셨다.

스티브 잡스의 성공담, 두루미의 열정을 통한 배움, 바디 샵을 통한 기업 환경, 도요타의 위기, 돌아온 28인 등 다양한 동영상을 통하여 내용을 이해하기 쉽게 알려주셨다.

지금 말하고 있는 다양화는 이런 것이다. 무조건 주제만 여러 가지라고 해서 좋은 강의가 될 수는 없다. 올바른 이론을 습득하게 하고, 그 이론과 주제에 상응하는 현실 얘기로 예를 들어주는 교수님의 교육방식은 나에게 강의에 대한 전혀 다른 새로운 느낌을 전해 주었다.

〈A부터 Z까지의 노래〉

A · · 리더십은 예술이다 · · Art Management

B · · 초심으로, 기본으로 돌아가자 · · Back to Basics

C · · 경쟁체제를 도입하라 · · Competition System

D · · 디지털 마인드로 무장하라 · · Digital Mind

E··권한을 위임하자··Empowerment

F··가족도 고객이다··Family Satisfaction

G··세대 차이와 세대공존··Generation Gap

H··잡종문화와 경쟁력··Hybrid Culture

I··혁신적인 사고··Innovative Thinking

J··애사심과 애국심··Job Commitment

K··지식경영의 활성화··Knowledge Management

L··평생학습체제의 구축··Learning Organization

M··찬찬찬 운동으로 동기부여를··Motivation

N··3맥三脈의 활용과 네트워크사회··Network Society

O··리더는 동물원에 갇혀 있다··Open Management

P··크로스 체크하라··Plan! Do! See!

Q··떠날 때를 대비하자··Quitting Preparation

R··책임감이 생명이다··Responsibility

S··스피드경영··Speed Management

T··신뢰를 심어주어야 한다··Trust

U··보편성을 추구하라··Universal Thinking

V··부가가치의 창출··Value Creation

W··여성은 이제 당당한 파트너··Women in Partnership

X··X-Leader는 되지 말자··X-Leaders are out

Y··젊은 피 수혈과 도전정신··Young Blood

Z··미쳐야 살아남는다··Zeal

● 외부강사도 초빙하신다

나는 처음에 '수업시간에 외부강사 초청이 가능한가?'라는 의문을 품었다. 하지만 그런 의문은 현장감이 확실히 느껴지는 외부강사의 강의로 인해 완전히 사라졌다.

이번 학기 동안 나는 푸르덴셜에서 오신 분과, 공무원 준비를 하시는 분의 강의를 들었다.(다른 요일의 강의에서도 많은 외부강사 분들이 오셨다는 얘기를 들었다.) 이 분들의 이야기는 푸르덴셜에 입사하라는 얘기도 아니었고, 공무원을 준비하라는 얘기도 아니었다. 신용도 국내 1위로 뽑힌 푸르덴셜에 대해서는 얼마 설명하지 않았다. 대신 금융권에서 사용하는 용어, 학생들이 하면 좋을 상품들을 소개했다. 또 자신이 왜 이 회사에 입사했고, 이 회사에 입사하기 위해서는 어떤 노력을 했는지 소개하는 등 우리에게 친숙하게 와 닿을 수 있는 주제들로 강의를 해주셨다.

7급 공무원이 되신 인천대학교 선배님은 오셔서 준비하는 기간은 평균 어느 정도 되고, 어떻게 공부하는 것이 효율적인지도 말씀해주셨다. 3, 4학년 선배들에게는 피부에 와 닿는 강의였을 것이다. 하지만 1학년인 나에게는 취업이라는 말이 조금은 멀게도 느껴졌다. 그러나 이런 강의를 통해서 한발 더 취업이라는 거대한 일에 다가가는 기회가 되었다. 나는 외부강사님들과 같은 목표를 공유하지는 않지만, 자신의 꿈을 위해서 노력하면 된다는 사실에서 많은 동기부여가 되었다. 그 꿈은 허황되고 한낱 꿈일 뿐인 목표가 아닌, 현실적이고 구체적인 목표를 설정하는 활동에 많은 도움이 됐다.

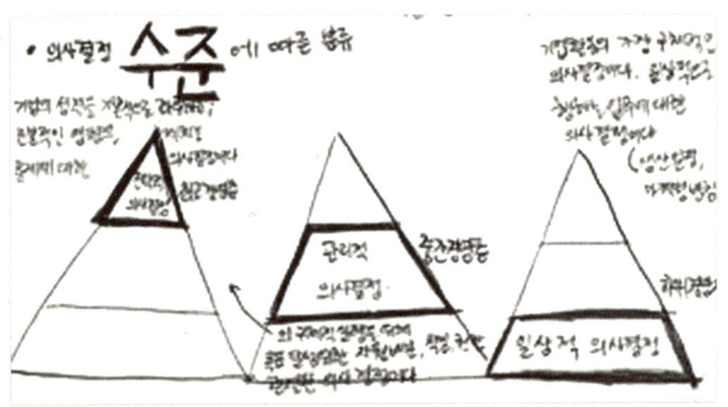

[그림1] 시험을 위한 지식 보따리 예

● 리더십을 강조하신다

이 특징은 위에서 세 번째로 제시한 '주도적인 역할 고취'와 비슷한 부분이 많다. 대학의 대부분의 과목들은 수동적으로 강의를 듣고 과제하고, 시험 공부하기에 급급하다. 하지만 김의식 교수님의 수업은 능동적이고 긍정적이고 창의적인 리더십을 중요하게 생각하셨기에 반장신청, 환경지킴이 등을 통해 학생들이 리더십을 가질 수 있는 기회를 만들어 주셨다.

교수님께서는 반장 신청을 하는 것이 모두를 섬길 수 있는 기회라고 말씀하셨다. 공부뿐만 아니라 서로 섬기고 도와주는 것을 중요시 하셨다. 일례로 수요일 반에 있는 두 명의 중국학생에게 교수님은 각별한 관심을 쏟으셨다. 그들이 수업에 잘 적응을 하는지, 단어 이해가 잘되는지 챙겨주시고, 비록 두 학생뿐이지만 그 학생들을 위해서 한자로도 써주셨다.

또한 글로벌 시대에 걸맞게 영어로도 모든 단어를 설명해주셨다. 이러한 방식으로 수업을 이끌어나가시는 교수님의 리더십은 백 마디의 말보다 학생들에게 더욱 가슴 깊이 다가왔다.

● 여러 가지 방법을 사용하신다

지금까지 언급된 방법들만 봐도 김의식 교수님의 강의에서는 전달 방법의 포트폴리오가 다양하면서도 짜임새 있게 전개된다는 특징을 알 수 있다. 이것이 이 강의가 '한 학기가 보람찼다'고 말할 수 있는 또 다른 이유다. 게다가 항상 긍정적인 교수님의 마인드와, 성적뿐만 아니라 인격, 즉 사람 대 사람으로 평가한다는 점에서 교수님의 강의는 나에게 또 다른 감명을 주었다.

● 학습평가 ≠ 학습에 대한 평가 = 학습의 정리 + 생활평가

교수님은 학생을 중간고사, 기말고사 때 얻은 점수로만 평가하지 않는다. 한 사람이 그만의 답을 작성한 과정까지도 평가한다. 교수님은 기말고사 전 주에 학업 성취도라는 제목으로 학생

본인이 수업에 얼마나 참여하였는지 수업을 같이 듣는 학생 공동체 안에서 어떠한 배려를 하였는지를 직접 적게 하셨다.

또한 조언자를 추천하게 하여 한 학기를 돌아보고 반성할 기회를 주셨다. 이것을 적는 자체가 자신이 본인을 평가하고 조언자를 추천함으로써 타인에게 평가받고 최종적으로 교수님에게 다시 평가받는 다면평가의 방법이라는 것을 알게 되었다.

결국 나는 360도 다방면으로 평가를 받았던 것이다. 물론 자신을 스스로 칭찬해야 하는 부분도 있기 때문에 쑥스러운 면도 있었다. 하지만 자신을 객관적으로 돌아봐야하는 상황을 연습하는 계기가 된다는 점에서 삶을 살아가는 데 이러한 평가는 그 의미가 깊다는 생각이 들었다.

이 방법은 평가의 객관성과 공정성을 확보하고자 하는 방법이다. 이 방법은 결과에는 승복해야 한다는 의미도 담겨져 있다는 사실과, '남이 보는 나'와 '내가 보는 나'의 차이도 알 수 있어서 자신의 태도 교정에도 도움이 된다는 사실은 후에 알게 되었다. 이 방법 역시 다른 수업에서는 볼 수 없는 부분이었다.

〈나의 학업성취도 자기관리 표〉

이름:　　　　　학과:　　　　　과목:
요일:　　　　　이메일:　　　　핸드폰:

항목 ＼ 월별과제	월	월	월	월	과제		참여	
					제출	이메일	발표	카페
출결								
수업참여 내용 또는 타인에 대한 배려								
건의 및 애로사항								
지식창고 활동내용								
출석: O 지각 : Ø 과제: ◎								

[표1] 학업성취 자기 평가표

● 시험조차 즐겁다

　교수님의 시험시간은 "여러분 오늘은 이번 학기 최고의 축제입니다. 재미있고, 즐겁고, 유쾌하게 시험을 치릅시다!"로 시작된다. 과목의 시험 문제는 다양하다. 모든 학생들이 쉽게 풀 수 있는 관대한 문제만 있는 것이 아니라, 공부를 책 구석구석까지 열심히 한 친구들을 위하여 출제된 문제도 함께 있다. 교수님은 삶과 세상이란 면에서 경영을 보다 친숙하게 바라본 시각을 우리에게 알려주셨기 때문에 학생들은 수업이 더욱 재미있었고, 강의에 더 몰입할 수 있었다. 이러한 이유들로 나는 시험을 잘 보고 싶다는 생각이 간절히 들었고, 더 열심히 시험을 준비했다. 충분한 시간과 노력으로 즐겁게 준비하였기에 시험기간 중 교수님 과목의 시험시간은 내심 은근히 기다려지기도 하였고, 시험을 치고 나서는 자신 있게 시험을 치러서인지 왠지 뿌듯하고 행복하다는 생각마저 들었다.

● 긍정적 마인드가 모든 것을 이긴다

마지막으로 내가 느낀 것은 교수님의 긍정적인 마인드이다. 긍정적인 마인드는 억지로 만들고자 해도 만들어지지 않는 것이고, 억지로 떼어버리려고 해도 떼어지지 않는 것이다. 한 사람의 마인드, 즉 관점은 그 사람이 살면서 문제를 대처해 온 시간을 반영한다. 이런 측면에서 교수님의 그 긍정적인 마인드는 수업이 화기애애하게 진행될 수 있었던 원동력이었다.

첫 수업 때 교수님께서 "경영이나 인생에서 행동Action은 5% 뿐이고, 지식Knowledge과 기능Skill과 습관Habit; Attitude은 무려 95%에 달한다. 따라서 행동의 토대가 되는 지식과 기능과 습관이 갖춰지지 않으면 불안하다. 모든 것을 제대로 갖추려 할 때 같은 자원으로 효과를 극대화 시키는 것이 경영(자기경영)이다."라고 말씀하셨다. 똑같은 흙도 미켈란젤로 손에 들어가면

걸작이 되듯 내 자신이 지식, 기능, 습관을 결합하여 행동을 걸작으로 만들 수 있다는 내용이었다.

"이렇듯 보는 시각이 달라지면 이해하는 내용도 달라지고 그로 인하여 결과도 달라진다."라고 말씀하시며 5를 두 개 사용하여 가장 큰 수를 만들어보라고 하셨다. 학생 중 한명이 자신의 생각을 말했고 교수님은 웃으시며 칠판에 이렇게 적으셨다.

$$-5 - 5 = -10$$
$$5 - 5 = 0$$
$$5 / 5 = 1$$
$$5 + 5 = 10$$
$$5 \times 5 = 25$$
$$5^5 = 3{,}125$$

결합하는 방법에 따라 결과가 달라진다. 5라는 같은 수로 최대로 낼 수 있는 결합방식을 택하여 가장 큰 수가 나오게 한 것은 어찌 보면 간단한 것이지만 이렇게 많은 뜻을 내포하고 있다는 것을 깨달았다. 모든 시각에서 창조적Creative이고 긍정적Affirmative이고 능동적Positive이면 '5-5=0'이 '5의 5승=3,125'로 바뀔 수 있다고 하셨다. 한마디로 No가 On이 될 수 있다며, 할 수 있다고 생각하면 할 수 있고, 될 수 있다고 생각하면 될 수 있다고 강조하셨다. 교수님의 많은 제자들이 No=On의 마음가짐으로 여러 방면에서 성공한 사례들도 알려주시면서 나에게도 자신감을 고취시켜 주셨다. 아직 1학년이라 많은 수업에 참여하진 못했지만 구호를 외치는 강의는 처음 본 것 같았다.

강의시간마다 "생생하게 상상하고 열렬하게 원하고 진정으로 믿고 열정을 가지고 행동하면 그것이 무엇이든지 반드시 이루어진다!"를 외쳤다. 처음엔 외우기 힘들어서 두어 번 반복하면서 적었다. 구호를 외칠 때에는 느끼지 못했지만 이 글을 쓰면서 다시 한 번 보니 정말 긍정적인 구호 같다.

● 숭고한 양심의 회복

김의식 교수님의 강의 시간에는 뭔가 특별한 것이 한 가지 더 있다. 강의를 들을 때마다 학생들 각각의 마음에 양심이 생긴다는 것이다. 모든 학생들은 자신이 수강하는 모든 강좌에 열심히 하기는 힘들 것이다. 친구들과의 약속 때문도 있고, 자신의 게으름을 이기지 못하여서 수업에 빠지는 학생들도 허다하다. 무엇보다 교양이라고 하면 전공보다 부담감이 적기 때문에 빠지는 경우가 많다. 하지만 김의식 교수의 강의 시간은 다르다. 따라오는 학생들을 끌어갈 뿐만 아니라 따라오지 못하는 학생들을 이끄신다. 심지어 교양을 포기하고 돌아선 학생들까지 다시 돌이키게 하는 힘이 있다. 바로 긍정의 힘이고 그에 따른 양심이다. 긍정의 힘은 '긍정의 힘'이라는 책이 세계적인 베스트셀러로 출판되어 있을 정도로 그 개념이 일반인에게 널리 알려져 있다. 교수님은 결석하는 학생들과 부진한 학생들을 꾸짖지 않으시고 그들을 긍정적인 시각으로 바라보려고 노력하신다. 때문에 학생들은 빠지려고 해도 자신에게 걸린 교수님의 기대감 때문에 발걸음을 강의실로 돌린다. 이것은 양심의 힘이다. 교양임에도 불구하고 수업에 대한 포기율은 낮고 강의평가 참여율은 90% 이상이다.

부모는 단 2명의 자식이 있어도 더욱 눈이 가는 한 명이 있다. 그 한 명은 부모에게 삐딱한 태도를 보여도 예뻐한다. 교수님은 잘 따라오는 제자들은 기특해서 더욱 보듬어 주시고 흥미를 잃은 학생들에게는 포기라는 단어보다는 보살핌으로 이끄셨다. 시험시간만 봐도 '경영의 이해' 수업을 짐작할 수 있다. 많은 이슈가 되고 있는 것이 대학시험 '컨닝'이지만 이 시간에는 볼 수 없는 풍경이다. 컨닝은 고사하고 1시간 동안 더 많이 더 넓게 자신이 아는 것을 쓰기 위한 노력이 계속된다. 끝까지 앉아서 쓰고, 그만 쓰라고 해도 학생들은 배운 것이 많기에 쉽사리 낼 수가 없다. 교수님의 강의는 긍정으로 시작해서 긍정으로 끝난다. 마지막 수업시간에 교수님께서 학생 각각의 손을 잡고 해주시는 말씀은 "말이 씨가 된다."였다. 우리가 교수님처럼 긍정적인 마인드를 가지고 긍정적인 말들을 할 경우에 그것이 현실이 되는 모습을 바라셨던 것이다. 그 말이 전해주는 감동은 지금도 내 가슴에 생생이 남아 있다.

2. Yes Kim의 강의 노트

Yes Kim의 강의 노트에는 학생들에게 강조하는 절대 원칙이 있다.

상상에 도전하라(IMAGINE→VISUALIZE : 창의성 개발)

어떻게 하면 시대에 뒤떨어지지 않고 신선하면서도 창조적인 미래의 어떤 인물이 될 것인가를 생각하라. 지금의 상태를 보지 말고 10년 후, 20년 후 어떤 인물이 되기를 바라는가? 어떤 인물로 되어 있기를 바라는가? 되고 싶거나 되어야 할 모습을 그려라. 형상화하라. 시각화하라.

공유하고 배려하라(시너지효과를 내라)

각자의 몫으로 얻고, 공유하고, 유지하려면 한계가 있다. 얻어지는 지식과 정보 그리고 각종 자원을 공유한다면, 지렛대 효과를 얻을 수 있다. 지식창고 속에 지식을 넣어 두고 공유한다면 정보와 지식을 얻고, 보관하고, 사용하는 데 비용이 적게 든다. 다양한 생각과 사고와 전공을 달리하는 학생들의 생각을 공유하면 큰 시너지 효과를 얻을 수 있다. 이것은 중요한 성인학습 원리 하나를 실천하는 것이다. 즉, 성인은 학습자와 지도자 간에 발생하는 학습의 양보다, 학습자와 학습자 간에 발행하는 학습의 양이 더 많을 수 있다.

상생相生하라(더불어 생존하라)

상대방은 나의 적이 아니라 동반자이고 친구이다. 물론 교실에서는 상대평가의 경우 동료의 실수가 나의 행복이고 나의 행복은 상대에게 불행이라고 생각되기 쉽다. 그러나 맞물고 돌아가는 톱니바퀴에서 서로 협력하고 의존하면서 더불어 살아가는 법을 배우게 된다.

"한겨울 히말라야 산맥을 넘어가는 싼다싱은 넘어진 병약자를 어깨에 메고(엎고) 넘어갔다."는 이야기는 이미 잘 알려진 이야기다. 만약 혼자만 살겠다고 병자를 두고 갔다면 오히려 얼어 죽고 말았을 것이다. 추위에서도 서로의 체온으로 인해 살 수 있었기 때문이다. 이렇듯 너도 살고 나도 살고, 우리 모두가 사는 법을 알

아야 한다. 서로 배움을 공유하면 시너지가 생겨 부익부富益富가 될
수 있다.

섬겨라Serving Others

낮아져서 다른 사람을 돌본다는 것은 매우 어려운 일인 것처럼 보
인다. 벼는 익을수록 고개를 숙이고, 깊이 흐르는 물은 소리가 없
다. 조용히 겸손하게 남을 섬기(돕)는 일이야말로 결국은 자기를
위하는 일이며, 자기의 영향력을 키우는 기반이 된다. 그리고 그
것은 반드시 자기에게로 다시 돌아온다.
그게 오픈 시스템의 특성이다. 도움을 받은 사람으로부터 후일 몇
배의 도움으로 커져 내게 돌아온다. 카네기가 자신을 위해 남을
섬겨 카네기재단을 만든 것처럼 말이다.

오감으로 부딪쳐라

두려워하지 말고 용기를 가지고, 그것도 오감으로 먼저 부딪쳐
라. 지금은 오감五感의 시대이며, 감성의 시대이다. 그러니 앞으로
는 오감으로 느끼고 현장에서 맞부딪혀 사실에다 감정을 실은 이
야기story-telling로 표현하라.
호랑이 굴에 들어가야 호랑이를 잡을 수 있다. 현장을 중요시하
라. 눈으로 보고, 귀로 듣고, 손으로 만지고, 발로 밟고, 마음으로

깨닫는, 그야말로 총체적이고 체계적으로 맞부딪쳐야만 능력이 나
온다.

벤치마킹하라

창조도 곧 모방이다. 어느 특정분야에서 우수한 상대를 찾았다면
먼저 그와의 차이를 확인해야 한다. 다음은 차이를 극복하기 위해
그들의 뛰어난 운영 프로세스를 배우면서 부단히 자기혁신을 추구
하는 경영기법인 벤치마킹을 실시해야 한다.

Yes Kim은 한동대에서 대학교육모델을 많이 배웠다. 그는 한동
대와 아무런 관계가 없음에도 불구하고 한동대 개교 초기와 중반에
3번 정도 방문한 적이 있다. 개교역사가 짧은 것에 비해 얻은 명성
에 걸맞게 한동대를 방문할 때마다 느끼는 점이 많았기 때문이다.
몇 가지 예를 들면, 졸업 전에 상당수의 학생이 취직되는 입도선매
식 취업전형, 글로벌 대학으로 자리매김한 방법, 학부형과 함께 만
들어 가는 대학, 학생들의 꿈을 성취하기 위한 다락방 기도의 현
장, 교수나 총장을 보면 달려가 인사하는 학생, 그런 학생들을 꼭
껴안아 주는 교수의 모습 등에 매료된 그는 기회가 있을 때마다 한
동대를 찾았다. 그중 가장 인상 깊었던 것은 '배워서 남주자'라는
한동대의 슬로건이었다. 이러한 한동대의 역량은 한 대학 평가에
서도 드러났는데, 2010년 중앙일보평가(재학생들이 매긴 대학만족도

평가)에서도 한동대는 대학 1위를 차지했다고 한다. 또한 재학생들이 '대학에 다시 입학한다면 어느 대학을 선택할 것인가'에 대한 물음에는 재학생 47%가 한동대에 재입학을 원한다고 답해 대학 3위(서울대 1위, 연세대 2위)를 차지했다고 한다.

<수업을 듣고 나서 느꼈던 점들입니다. 지난 한 학기 동안 감사드리고, 곧 찾아뵙겠습니다. 감사합니다. 송현우>

졸업을 앞두고 여덟 학기를 돌아보았습니다. 그러던 중 1학년 때 들었으면 좋았을 수업이 무엇일지 생각해 보았습니다. 많은 교수님들 밑에서 수업을 들었고, 많은 것을 배웠으나 그중 김의식 교수님의 수업을 4학년 때가 아닌 1학년 때 들었으면 지금보다 더 큰 꿈을 향해 앞으로 나가지 않았을까 하는 생각이 듭니다. 취업을 걱정하고, 항상 주변의 사람들과 경쟁하고, 숫자로 모든 것을 판단하는 여타의 수업들과 달랐습니다. 김의식 교수님의 수업은 눈앞에 보이지 않는 미래를 향해 발버둥 치고 있는 내 자신에게 잠시 쉼을 얻을 수 있는 안식처이자 자신감과 희망을 심어주는 피난처라고 말할 수 있습니다.

또한 학생들에게 많은 기회와 새로운 도전을 할 수 있게 도와주셨습니다. 주로 CEO들이 수업을 듣는 ㈜글로벌 녹색경영연구원에서 학생들에게 청강을 할 수 있는 기회를 주서서 환경에 대한 현재의 트렌드 및 주요 이슈에 대해서 가장 최신의 내용을 알 수 있었습니다. 또한 GCF유치를 위한 포럼을 준비하고 참여할 수 있는 기회를 주서서 '나도 보이지 않는 곳에서 GCF유치에 미약하지만 도움이 되었다'는 자부심을 가질 수 있었습니다. 16주라는 짧은 시간이지만 교수님의 수업을 통하여서 많은 것을 경험하고, 자신감과 희망을 얻을 수 있었습니다.

하지만 다른 무엇보다도 제가 교수님의 수업을 통해서 얻었던 것은, 머릿속으로만 막연하게 생각하고 있었던 아프리카 식수食水사업에 관한 봉사활동을 직접 행동으로 할 수 있겠다는 자신감이었습니다. 또한, 눈앞만 보면서 현재를 살아가는 저에게, 지금 이 순간이 아니라 미래에 대한 확고한 신념을 가질 수 있도록 여러 방면으로 조언을 주신 것이 교수님께 평생 감사해야 할 일이라고 생각하고 있습니다. 한때 저는 '배워서 남 주나?'라는 생각을 많이 하였습니다. 현재를 살아가고 있는 대학생들 또한 거의 다 이런 생각을 가지고 있을 거라고 생각합니다. 하지만 시간이 흐르고 정신적으로 성숙하면서 이런 생각보다 나눠주는 삶에 대해서 실천하고 싶었습니다. 그러던 중 교수님과 함께하면서 저는 '배워서 남 주자!'는 생각을 과거보다 더 확실하게 갖게 되었습니다. 내가 배운 지식, 알고 있는 것들을 나 혼자 만이 아니라 다른 사람과 나눠야 한다고 확신하였고,

이것이 교수님께서 우리들에게 많은 기회와 용기를 주신 이유
이자 목적이라고 생각합니다.

한 시간의 수업을 듣는 일은 쉬운 일입니다. 그러나 그 수업을
통해서 변화를 느낀다는 것은 힘든 일입니다. 하지만 김의식 교수
님의 수업을 들은 사람들은 그 변화를 느꼈을 것입니다. 저 역시
교수님의 수업을 듣고 생각했습니다. 앞으로는 누군가에게 의지
하려는 사람이 아니라, 그 변화를 통해서 누군가에게 힘이 되고 의
지가 되는 사람이 되고자 합니다.

교수님 덕분에 저는 현재 ○○에서 인턴사원으로 근무하고
있습니다. 첫 봉급을 탔습니다. 교수님, 찾아뵙고 싶습니다. 감
사합니다.

〈사례 2〉 : 자신감을 끌어올리는 종합비타민

2012년, GCF송도유치를 기원하는 중소기업인 발원대회

경영의 이해 수업을 통해서 배운 내용을 즉시 익히고 활용할 수 있는 시스템을 도입해서 감사해요!

- 매시간 학습동기 부여- 지식습득 뿐만 아니라 내 인생, 나의 성공, 눈앞의 당면과제 해결에도 도움.
- 지난주 학습이해도 측정 : 재미를 갖게 함.
- 다음 주 예고- 시간 말미에 다음 주의 내용을 영화 예고편 보여주듯 하여 기대하게 함 : 학습내용 저장 파일 즉, 기억 공간 준비.
- 이번 시간 출석부를 때 칠판에 주제를 주고, 혼자 혹은 조별로 공유하여 출석 마치면 나와서 발표 : 저장 공간 확인 및 확장 단계(출석 부르는 시간조차 세이브하고 학습의 동기 유발).
- 이때 다른 학생의 발표 듣고, '나도 다음번에 잘해야지'라고 다짐 : 자발성 점화 및 상향평준화 시도.
- 이번 주 진도를 한 폭의 그림으로 보여줌 : 내용의 이미지화로 기억 촉진.
- 쉬는 시간에 관련동영상, 또는 ppt 반드시 시청 : 한 시간 이내 복습으로 기억 촉진.
- 노트 정리는 교과서를 통해 여러 유형별 시험예상문제 형태로 정리 : 다양한 사람들에게 서로 다르게 다양한 응용력 함양
- 3시간이 피곤하고 지루해질 무렵, 끝날 시간 마지막 5분 동

안 모두가 노트에 오늘 배운 것 요점정리 : 100% 기억하게 하는 최초와 최근의 법칙 적용.

예) 창업이라면 : 나의 창업업종선택과 절차를 노트에 5줄 모두 쓴 조는 조장 확인 후 마침(열심히 씀 - 2~3분지나 카페에 올리도록 함, 5일 안에 올린 사람 자기성취표에 기록).

- 느낌을 100% 올린다. 다른 친구들 쓴 것보고 용기를 가지게 된다. 하지 않으면 안 되도록 한다. 역량이 붙는 것 같은 느낌을 가지게 된다. 영어 공부했으면 다음 시간에 입에서 나올 수 있도록 스토리를 엮으라고 하신다.

언제나 저희에게 새로운 방법으로 학습을 진행해주시는 교수님 감사합니다! 매 수업마다 항상 많은 것 배우고 갑니다. 어디서도 배우기 힘든, 이런 것 알려주시는 교수님의 수업을 들을 수 있어 참 행복했습니다! 또한 수업 내용뿐만 아니라 다른 사람 앞에서 발표할 수 있는 기회도 최대한 많이 가질 수 있도록 도와주셔서 감사합니다! 남들 앞에서 발표하는 기회는 생각보다 많이 얻을 수 없거든요. 수업마다 수업내용은 물론, 제 자신의 역량도 강화되는 것 같아서 굉장히 뿌듯합니다. 저는 꼭 성공하겠습니다. 교수님, 감사합니다!

3. 학생을 매료시키는
강의방법

성공적인 교수활동을 하려면 차별화된 동기가 필요하다. 적절한 동기가 부여된 교수활동을 하게 되면 교수활동에 대한 열정이 식을 일은 없기 때문이다. 변함없는 성실한 태도는 계속해서 결과를 준다. 학생에게 한결같은 모습을 보여주는 교수는 지속적인 성공을 이루어낸다. 교수의 일관된 행동을 접한 학생은 계속해서 기대를 하게 되고, 그것은 학생의 변함없는 반응을 낳고, 결국은 지속적인 교수활동으로 이어지기 때문이다.

어디에서 일하고 있는가보다, 어떻게 일하는가가 더 중요하다. 얼마나 오랜 시간 공부를 했는가보다 집중해서 공부한 시간이 얼마인가가 더 중요하며, 얼마나 많은 학생들에게 강의하고 있는가보다 당신을 지극히 신뢰하는 학생이 얼마나 되는가가 더 중요하다는 뜻이다.

고기 잡는 방법을 가르쳐야 한다. 성공과 여유라는 두 마리 토끼를 잡기 위해선 자신감을 심어주는 것이 필요하다. 학생들의 걱정을 제거해주고, 안심시켜 주는 것이 좋다. 공감대를 형성하고, 말의 내용을 보게 하고, 상품이라도 이야기가 있어야 부가가치가 생긴다. 예를 들면, 배용준이 나온 드라마의 장면을 보고 춘천 남이섬에 일본관광객이 몰리는 것도 이 때문이다.

〈사례〉: 지속가능한 에너지

김 교수님의 수업을 들은 지 2년이 지났지만 나에게서는 아직도 지속가능한 에너지가 흘러나온다.

과학기술의 측면에서 지속가능한 에너지 개발노력은 에너지가 고갈될 시기가 측정되기 훨씬 전부터 끊임없이 이루어지고 있다. 인류가 오래도록 쓸 수 있는 동력원을 찾는 것이다.

나는 우리들의 인생에서도 지속 가능한 무한의 에너지를 발견해야 한다고 생각한다. 석탄이나 석유가 사용기간이 한정되어 있는 것처럼 우리들에게도 한정적인 능력이 있다. 소위 말하는 스펙에 해당하는 토익TOEIC, 대학 성적, 각종 자격증 등이 여기에 해당된다. 그러나 이것들은 누군가에게 보여주고 선발되길 원하고 선발된 후 일정시간이 지나면 더 이상 필요 없는 능력들이다. 나는 스펙 쌓는 것을 비판하고자 하는 것이 아니다.

그러나 스펙을 쌓는 것에만 집중하지 말고, 학습의 과정 속에서 지속가능한 에너지를 얻어야 한다고 생각한다. 고갈되어가는 자원에서는 결코 지속 가능한 에너지를 뽑아낼 수 없다.

지식도 마찬가지이다. 많이 알고 있는 지식들도 실제 생활에 적용할 수 없거나 지식으로부터 깨닫는 바가 없으면 그 지식은 사실 의미가 없다. '경영의 이해' 수업을 들은 지 2년이 다 되어가는 지금까지도 김 교수님의 수업이 기억에 남는 이유가 있다. 경영수업이지만 경영만 배운 것이 아니었다는 것이다.

2년이라는 시간이 무색할 정도로 김 교수님의 수업에서 얻은 깨달음은 지금도 내 인생에서 많은 영향력을 미치고 있다.

첫 번째로 얻은 것은 섬기는 것에서 오는 보람과 소통의 기쁨이다. 나는 영어영문학과에 몸담고 있으면서도 교직이수를 병행하고 있어서, 전공을 살려 2010학년도 2학기 수업을 종강 하자마자 봉사활동을 시작했다. 인천 소재의 고등학교에 지원한 친구의 추천으로 선발이 되었다. 물론 처음부터 '봉사활동은 내 삶의 낙이 될 것'이라는 생각으로 시작하진 않았다. 남들이 흔히 말하는 소위, 취업 9종 세트(학벌-학점-토익점수-어학연수-자격증-공모전 입상-인턴경력-봉사활동-성형수술)의 일환으로 시작한 것은 사실이다.

봉사활동을 시작한 첫 달은 해야 할 일들로 머리가 복잡했다. 때문에 학생들을 제대로 섬기지 못했다. 불만을 입에 달며 고등학교 영어 학습 멘토링을 시작한 것은 사실이다. 그러나 '피할 수 없으면 즐겨라'라는 문구를 생각하며 최선을 다했다. 최선을 다하다 보니 시간이 흐를수록 학생들도 마음을 열고, 수업을 잘 따라와 주었다. 덕분에 나는 일에 대한 보람을 느끼기 시작했다. 학생들의 성적도 향상되었고, 서로 교감을 나누고 있는 느낌을 받기 시작하면서 가르치러 가는 발걸음도 가벼워졌다.

1년 반 후 아이들과 헤어지는 내 자신을 돌아보면서 김 교수님과 많이 닮아있음을 느꼈다. 학생들의 마음을 열기 위해 노력하며 상대의 나이에 상관없이 섬기는 모습, 학생들과 인터넷이나 직접 만나 서로 교감하는 모습이 똑 닮아있었다.

두 번째로 얻은 것은 모든 것을 언어화하는 노력이다.

교수님은 꿈을 전파하셨는데, 그 꿈을 항상 생생하게 언어로 표현하기를 좋아하셨다. 수업전후로 구호(생생하게 상상하고 열렬하게 원하고 진정으로 믿고 열정을 가지고 행동하면 그것이 무엇이든지 반드시 이루어진다!)를 외쳤다. 꿈이란 단어 자체에서도 알 수 있듯이, 꿈은 추상적인 것이다. 꿈을 이루고 이를 현실화시키는 곳이 세상일 뿐이지, 꿈 자체가 현실적인 것은 아니다. 교수님은 꿈이 실현될 수 있도록 이를 언어화하셨다.

나의 부모님도 '언어화하고 문서화하는 꿈이 현실이 되는 거란다'라는 말씀을 많이 하셨다. 그래서인지 교수님의 '꿈의 언어화'라는 말이 더욱 마음에 각인된 것 같다.

또한 교수님께서는 이론이 아닌 기업에 오랫동안 계시면서 몸소 체험했던 것들, 그리고 교수와 저자로서의 생활을 병행하시며 학생들에게 보여주셨던 항상 노력하시는 모습, 그리고 꿈을 이루려 늘 애쓰시는 모습들이 내 마음속에 깊이 남았던 것 같다. 이런 영향들로 인해 나는 내가 하루에 해야 할 일(작은 꿈)부터 시작해서 한 주, 한 달, 한 해의 목표(큰 꿈)까지 이를 언어화하여 문서화를 시키고자 노력하였다.

꿈을 문서화시켜 나가니 머릿속으로 생각만 하는 것보다는 훨씬 능동적으로 살고 있다고 느끼게 되었다. 그리고 이를 하나씩 이뤄나갈 때 그 쾌감이란⋯ 이건 겪어본 사람만이 알 수 있다고 생각한다.

학습에 있어서도 하루에 공부할 양, 한 달 안에 이루고 싶은 목표를 적어놓고 날마다 배분하는 학습법을 활용했다. 그 덕분에 하루에 많은 양을 공부하지 않아도 꾸준히 좋은 학교 성적을 유지하면서, 토익도 만점에 가까운 점수를 받을 수 있었다. 꿈만 아니라 나의 단점이나 고쳐야 할 점, 나의 최종 꿈을 실현하는 것에 방해가 되는 요소들도 적고, 고치고, 이를 극복하기 위해 노력했다. 그렇게 하다 보니 학창시절에 29점으로 반 꼴등이었던 과목인 국사도 2013년도 1월 한국사 능력검정시험(중급)에서는 만점을 받을 수 있었다. 못한다고 안 하고 피했던 과목에서 만점을 받기까지는 물론 노력이 기반이 되었지만, 꿈의 문서화가 가장 큰 역할을 했다고 생각한다.

　마지막이지만 가장 중요한 것은 바로 미래지향적이고 긍정적인 마인드이다. 이순신의 장계狀啓를 보면 명량대첩에서 그가 왕에게 "신은 아직 12척의 배가 있습니다."라고 했다. 어떤 자가 보기엔 12척밖에 없다고 할 수 있지만, 이순신 장군은 '열두 척이나 되는 배가 있다.'라는 의미로 표현했다. 그만큼 자신감이 있었던 것이다. 이순신은 바다의 물살이나 물이 빠지고 차는 시간, 아군의 배 형태뿐만 아니라 적군의 배도 정확히 파악하고 있었다. 배의 척수만 생각했던 것이 아니라 전장인 바다 자체를 아군으로 만들었기 때문에 자신감이 있었던 것이다.

　나는 현실주의자인 데다가 비판적이고 회의적인 사람 중 하나였다. 하지만 김 교수님을 만나고 나서부터 나는 변하기 시작했다. 2년 넘게 교수님과 함께하면서 몸으로 배울 수 있었던 것은 부정적으로 볼 수 있는 일들도 항상 긍정적으로 해석하신다는 점이다. 그리고 이순신 장군처럼 모든 일에 자신감이 넘쳐 보인다. 김 교수님은 "할 수 있다고 생각하면 할 수 있다"라고 늘 입버릇처럼 말씀하셨다. 이러한 구절 역시 교수님의 마인드를 반영하는 것임을 알 수 있다. 이상적인 말로 들릴 수도 있겠지만, 이런 마인드가 성공의 발판이라고 생각한다. 그래서 나는 성공에 가장 중요한 스펙은 바로 긍정적인 마인드라고 생각한다.

요즘은 누구나 다 취업을 위한 스펙은 어느 정도 다 갖추고 있다. 때문에 인격적으로 평가받아야 하는 시대가 되었다고 생각한다. 이는 앞으로 스펙이 아니라 인격을 인정받는 것이 더 중요하고, 인격이 밑받침 되지 않으면 남들과 결코 차별화되지 않는다는 뜻이다.

만약 인생에서 학점이나 토익 등이 필요한 스펙의 전부라면 학원이나 학점은행, 또는 사이버대학을 다니면 될 것이다. 그러나 인격은 다른 시험들처럼 발로 뛰어서는 절대 얻을 수 없는 능력이다. 자신이 바라보는 세상에 대한 스스로 가치관을 변화시켜야만 하는 것이다. 물론 마인드 컨트롤은 단기간에 얻어지는 것이 아니라, 연습이 필요한 부분이다. 김 교수님과 함께한 '경영의 이해' 시간을 통해 나는 내 마인드를 경영하는 방법을 깨달은 것 같다. 그때는 내 삶에 얼마나 영향력을 미칠지 모르고 지나쳤던 자그마한 배움이었지만, 중·고등학생 시절의 철부지의 사고뭉치 인생을 송두리 채 바꿔놓은 결과를 낳았다.

내가 영어영문학과에서 교직이수를 하면서 한 가지 절실하게 깨달았던 것이 있다. 사람은 영향력이 있어야 한다는 것이다. 꼭 교육자일 필요는 없다. 인생을 살면서 가까운 사람이나 간접적으로 나를 알고 있는 사람에게라도 내가 인생의 모델이 되고 동기부여를 해줄 수 있고, 내 말 한마디가 그들에게 위로가 되고 힘이 될 수 있다면 그 인생은 행복한 인생이라고 생각한다.

공건솔 학생이 4학년 때 다시 쓴 글

4. 베스트 교수의
모델과 비교

　'가장 잘 가르치는 교수는 어떻게 가르치고, 그 교수법은 전수될 수 있을까?'라는 의문을 품은 켄 베인 교수는 잘 가르치기로 소문난 60여 명의 교수들을 대상으로 15년간 연구를 했다. 교수 본인들을 인터뷰하고, 그들의 수업을 참관하기도 했으며, 그들의 동료 교수들과 그들의 수업을 들은 학생들을 직접 만나 이야기를 들었다.

　『미국 최고의 교수들은 어떻게 가르치는가What the best college teachers do』라는 책으로 출간된 이 연구에서 최고의 교수들이 갖는 공통점은 아래와 같은 여섯 가지 질문의 답을 통해서 제시하였다.(Ken Bain 지음 · 안진환 역, 2005, 뜨인돌)

　첫 번째, 학습을 무엇으로 이해하고 있는가?
　두 번째, 어떻게 강의를 준비하는가?

세 번째, 학생들에게 무엇을 기대하는가?

네 번째, 어떤 방법으로 수업을 진행하는가?

다섯 번째, 학생을 어떻게 대하는가?

여섯 번째, 학생과 자신을 어떻게 평가하는가?

아래에서는 이들 여섯 가지 질문에 대한 답을 살펴보고, 이에 대한 Yes Kim의 생각과 구체적인 실천 및 행동들에 대하여 살펴보도록 하자.

① 학습을 무엇으로 이해하고 있는가?

최고의 교수들은 전공에 대한 탁월한 지식을 가지고, 전공과 관련된 문제의 핵심을 간파하고 있다. 이를 제3자의 입장에서 객관적으로 사고하며, 배우는 사람의 입장에서 이해하도록 설명한다. 그들은 지식이란 전달하는 것이 아니라 구축하는 것이라는 믿음을 갖고 있다. 또한 학생들에게 지속적이고 본질적인 영향력을 끼치지 못하는 수업은 의미가 없다고 생각한다.

Yes Kim이 생각하는 학습의 결과는 '학생들의 총체적인 변화'다. 그래서 그의 수업을 들었던 학생들은 '경영에 대한 지식'을 넘어 '경영에 대한 시각의 변화', 그리고 '인생의 태도'의 변화를 이야기한다.

군대에 가기 전 학사경고를 간신히 면했지만, 새로 시작한 학기에서 Yes Kim의 수업을 통해 장학금을 받을 만큼 열심히 공부하게 된 학생, 접었던 대학 교수의 꿈을 다시금 찾은 학생, 남들보다 불리한 상황에서도 긍정적인 생각으로 끝까지 도전하여 어려운 고시를 합격한 학생 등 학생들의 변화에 대한 너무나 많은 사례들이 있다. Yes Kim의 수업은 늘 학생들이 기존에 무엇을 어떻게 알고 있는지를 파악하여, 그들의 눈높이에 맞는 다양한 매체를 통해서 이루어진다. 그는 책의 모든 페이지에 낙서가 되어 있을 정도로 교과서의 이론적인 내용을 손바닥 보듯 꿰뚫고 있으며, 28년이라는 직장경험을 통해서 교과서를 넘어 체화된 지식까지 총동원한다.

Yes Kim만의 교육 방식이 있다. 그는 몇 학기를 가르치고 나면 그 과목에 대한 집필이 가능하도록 강의 준비를 철저히 한다. 그리고 가르침에 도움이 되는 현장을 찾아다닌다. 코엑스에서 열리는 창업박람회, 프렌차이즈 박람회, 취업박람회, 재테크 박람회, 일산 킨텍스, 송도 컨벤시아 등에서 열리는 각종 전시회 스케줄은 거의 다 꿰고 있다. 또 한국은행, 선박회사, 운송대리점, 상사중재원, 상공회의소, 무역협회, 은행, 증권회사, 저축은행, 보험사 등 유관기관을 방문하여 현장으로부터 학습 자료를 직접 수집한다. 그리고 학생들에게도 시간이 나면 이러한 유관기관을 가보라고 권한다.

그의 교육의 핵심적 특징은 지식Knowledge, 행동Action, 현장체험

학습을 통한 소위, KAE의 원칙에 입각한 삼위일체식 학습에 집중된다는 점이다. 학생들이 다른 수업이 있어 시간이 맞지 않아 기업탐방 등 현장방문을 하는 것이 어려우면, 그는 1학기 1회 이상 현장전문가를 자신의 힘으로 초청하여 강의를 하게 함으로써 이를 보완할 수 있도록 방법을 제안한다. 각 기관에서 보유중인 CD를 구해 학생들에게 보여줌으로써 학습에 흥미를 유발하거나, 습득된 지식을 전달함에 있어 시간의 포트폴리오, 방법의 포트폴리오, 매체의 포트폴리오를 구체화하여 학생들의 입장과 관심, 이해도를 고려하여 주변에서 예를 찾고, 이를 알아듣기 쉬운 말로 전달한다.

시험문제도 주관식, 객관식을 병행하고 열을 달리하거나 배열을 달리한다. 윤리경영의 차원에서 내부 신고제를 통하여 컨닝 의심자를 사전에 봉쇄하며 아예 처음부터 그런 생각을 하지 못하게 한다. 이러한 노력들로 Yes Kim은 학생들로부터 "현장감 있는 생생한 강의를 한다."라는 평을 받는다.

터치 시대라 그런지 요즘 수업에서 학생들은 글 쓰는 것을 싫어한다. 별로 쓸 말을 못 찾고 내용이 빈약하다. 따라서 Yes Kim은 평소 학생들에게 매일 읽고, 듣고, 눈으로 보고, 입으로 따라하고, 손으로 쓰고, 쓴 것을 발표하게 하고, 다 못했으면 수업 마치고라도 카페에 쓰게 할 뿐 아니라 24시간 내 피드백을 올리도록 독려한다.

Yes Kim이 강의할 때, 예를 들어 60명이 한 반일 경우 60명 중 일주일에 상당수의 학생이 피드백을 통해 배운 내용을 이해하고 응용하고 추가 학습 자료를 찾아 올리는 지식창고 지기의 역할을 하게 한다. 또한 그는 학생들을 기업의 CEO명칭을 살려 'ㅇㅇㅇ사장님'으로 불러 주고 학생 교수 칭호 등을 사용하며 칭찬과 격려, 동기 부여 등을 한다. 또한 5~6명을 조로 묶어 팀워크를 향상시킨다. 이때 잘한 학생들에게는 반기문 유엔사무총장을 소재로 쓴 자신의 저서인 『세계를 가슴에 품어라』를 선물로 준다. 저자인 Yes Kim이 직접 사인을 해서 주면 학생들은 더 좋아한다.

한 수업의 강의실에 모이는 학생은 다양하다. 복학생, 편입생, 전과한 학생, 타과 학생, 학년 혹은 연령이 다른 학생, 직장학생과 알바를 해야만 하는 형편이 어려운 학생 등 가지각색이다. 이렇게 한 수업을 받는 다양한 여러 학생들에게 그는 '우리는 하나다'라는 마음을 가질 수 있도록 힘쓴다. 예를 들면, 학생들에게 학과 사무실 가서 결석생 연락망 알아 오기, 결석자 전화하기, 지각·조퇴 관리, 부득이 결석한 자에게 학업진도 및 내용 상호 학습시키기 등을 통해 서로 배려하고 도와주는 경험을 갖도록 한다. 학생들도 처음엔 귀찮아하다가도 어느 정도 시간이 지나면 "학교 오고 싶어요, 교수님 수업이 너무 기다려져요."라는 말이 들리기 시작한다. 이러한 결과는 학생이 주도적인 학습과 활동을 하기 때문이다. 공부를 주도하게 된 학생들은 수업시간에도 중간 중간 질문이나 퀴즈에도 적극적이며 칠판에 나와 조별로 과제를 해결하는 등 스스로 적극적으로 공부하는 모습을 보인다. 그런 학생들로 인해 탄력을 받은 Yes Kim 역시 수업 중 잠시도 한눈 팔 여유가 생기지 않는다.

② 어떻게 강의를 준비하는가?

최고의 교수들은 강의 내용보다는 학생들의 학습목표를 먼저 생각한다. '학생들이 이 수업을 통해서 얻어야 할 역량은 무엇인가?', '그런 역량을 얻게 하기 위해서 가장 효과적인 방법은 무엇인가?', '목표달성을 어떻게 확인하고, 어떻게 피드백 할 것인가?', '학생들의 비판적인 학습을 위한 환경을 어떻게 자연스럽게 조성할 것인가?'

Yes Kim은 개강하기 전, 그의 수업을 신청한 학생들에게 메일을 보낸다. '사랑하는 수강생 여러분께…'로 시작하는 메일은, 학생들이 수업에서 얻길 바라는 것이 무엇인지, 그것들을 위해 교수로서 어떤 마음가짐으로 어떻게 행동할 것인지를 알려준다. 학생들이 메일을 받고, 수업에 대해 기대하고, 수업을 통해 얻고자 하는 것을 고민할 수 있도록 하는 것이다.

매 수업 후 온라인 커뮤니티에 올라오는 개별 학생들의 글을 통해 각 학생의 상황을 파악한다. 그들이 경영에 대해서 어떤 생각을 가지는지, 왜 이 수업을 듣게 되었는지 등등. 그리고 이런 학생 이해를 기준으로 하여, 수업 중 학생들이 학습 목표를 모두 이룰 수 있도록 다양한 학습경험을 제공한다. 이전 수업에서 파악한 과목에 대한 학생들의 선 이해 정도를 파악하여 또다시 다음 학기 강의에 반영한다. 그는 이러한 노력으로 학생들의 눈높이에 맞춘 강의를 만들고자 노력하고 있다. 학생들의 피드백을 보면 그가 무엇에 대한 설명이 부족했는지 학생들의 요구가 무엇인지, 요즘 학생들의 고민이 무엇인지를 잘 알 수 있다.

수업시간에 파워포인트로 만들어 간략히 설명 하면 시험보기 좋고, 가르치기도 쉽다. Yes Kim도 이 사실을 잘 알고 있지만 수강생 중에는 반드시 상위 클래스 학생이 있다고 생각하며, 그 소수 학생들을 위해 심화된 수업준비를 같이 한다. 때문에 그는 슬라이드 한 장의 내용도 상, 중, 하의 3개 수준 눈높이로 준비를 한다. 어떤 학생이라도 수업에 흥미를 느껴 공부의 참맛을 보게 하기 위해서다.

그는 첫 수업시간에 수강신청 확정여부에 관계없이 자신의 이메일, 핸드폰, 카페 등을 다 공개한다. 이성을 사귀다 받은 상처, 장래 걱정, 부모와의 대화 단절, 학업부진으로 받은 학사 경고, 적성에 안 맞는 학과선택 등의 문제들에 대한 상담을 위해서다. 지금도 10여년 전 수업 받은 학생들이 가끔 상의해 올 때도 있고, 강단에 선 12년 동안 그가 이메일 등으로 왕래한 학생 수는 헤아릴 수 없이 많다고 한다. 그는 지금도 오래전 수강학생의 요청이 오면 취업을 위한 자기 소개서, 이력서, 취업 대상회사에 대한 조언을 하기도 하는데 그럴 때면 그 스스로 늘 감사와 행복을 느낀다고 한다.

Yes Kim이 어느 특수 대학원에 강의를 하러 다녔을 때의 일이다. 어느 학기 강의는 그 한 시간 반의 수업을 위해 왕복 5시간 반이나 걸리는 거리를 다녀야 했다. 그것도 2교시, 오후 8시 수업으로 학생은 총 5명이었다. 수업을 하다보니 어떤 때는 한 명 출장, 한 명 병가, 한 명 결석일 때도 있었다. 그러나 Yes Kim은 학생 수에 개의치 않았고 소수였기에 더 성실하게 수업에 임했다. 그의 눈에는 학생, 한 명이 그렇게 사랑스러울 수가 없었던 것이다.

학사 경고를 받았거나 가정형편이 어려운 학생이 있으면 그 학생과 같이 학생식당에서 밥을 먹는 기회를 가진다. 그럼 어느 정도 해답을 찾을 수 있다. Yes Kim이 이렇게까지 하는 이유는 '동일 수준으로 입학했는데 어떠한 요인으로 인해 낙오되어선 안 된다.'고 생각하기 때문이다. 수업을 통해 인내와 서로 돕고 배려를 통해 사람의 참가치를 발견하게 하는 것이 Yes Kim의 소명이다.

오늘도 Yes Kim은 늦은 시간까지 메일을 본다.

지금까지 4년간을 이 학교에 다녔는데 누구와도 못 나눴습니

다. 3남매 중 막내인데 위로 둘은 스카이 대학 다니는데 부모님
이 저 때문에 동창들한테 쪽팔린대요. 지금 밤12시가 넘어 처음
으로 교수님께 이메일을 보냅니다….

글을 보며 Yes Kim은 장래에 변화 되어 있을 학생을 그리며 자
신의 지난날들을 다시 떠올려 본다. '중학교 졸업하고 3년간 낮에
는 나무지게 지고 밤에는 가마니 짜던 내가 대학 강단에 서서 학생
을 가르치고 있음에 감사하며…'

③ 학생들에게 무엇을 기대하는가?

최고의 교수들은 학생 개개인의 가치를 인정하며, 그들의 성취능
력에 대한 굳은 믿음을 가진다. 학습이란 정보를 저장하는 것만이
아닌, 통합된 형태의 사고방식이라는 것이다. 그래서 최고의 교수
는 학생들의 지식만 아닌, 인격 및 태도의 발달에 주목한다.

Yes Kim은 학생 한 명 한 명을 창조주의 걸작으로 본다. 그의
이런 학생관이 모든 학생을 가능성 덩어리로 만든다. 학생들을 격
려할 때는 결코 형식상의 격려가 아니다. 진심이 담긴 격려다. 그
래서 그의 강의를 듣고 난 후 나도 할 수 있다는 자신감을 얻었다
는 학생을 흔히 볼 수 있다. 관세사 시험을 고려하던 최기동군에게
"최 관세사를 기대하지."라는 한마디 말이 큰 힘이 되었고, 결국 그

는 그 목표를 달성하였다. 한때 '배워서 남 주나?'라는 생각을 해왔던 학생이 수업을 통해서 '배워서 남 주자'라는 생각으로 바뀌었다. 이렇듯 학생들의 잠재력을 진심으로 믿어줄 때, 학생들은 본인의 능력을 최대한 발휘할 수 있다.

제 잘난 멋에 사는 것이 인생이고, 이 지구상에 나와 똑같은 사람은 단 한사람도 없다. 서로 다른 사람들이 만나 어울려 살 듯 대학교도 마찬가지다. 오늘날은 특히 서로 다른 학과끼리의 융·복합이 강조되는 시대이기도 하다. 음식이 퓨전시대인 것처럼 학교에서도 인문의 숲에서 공학을 만나고 공학의 숲에서 인문을 만난다. 과목이 다르다 하더라도 그 과목 속에 다른 과목들이 녹아들어야 한다. 특히, 학생들에게는 자아 정체성, 가치관, 국가관, 미래관, 세계관의 정립이 절대적으로 필요하다. 요즈음 학생들의 학업에 대한 로드는 과거와 분명 다르다. 따라서 강의실속의 오프라인 수업에서 보충할 수 없는 것들이 너무도 많다. Yes Kim은 몇 년 전 사이버 대에 편입하여 학습한 적이 있다. 학문의 융·복합시대에 늘 새롭게 느끼고 많은 것을 얻게 된 그는 학생들을 가르치는데 사이버 학습시스템의 이점을 많이 활용하고 있다.

④ 어떤 방법으로 수업을 진행하는가?

최고의 교수들은 수업 진행과 관련된 다음의 7가지 원칙을 가진다. 1) 비판적 학습을 위한 자연스러운 환경 조성, 2) 주의를 집중시키고 그대로 유지, 3) 과목이 아니라 학생에서 시작, 4) 학습에 헌신하도록 유도, 5) 교실 밖의 학습 유도, 6) 해당 학문과 연계된 사고를 유도, 7) 다양한 학습 경험 제공. 이런 원칙에 더하여 효과적으로 말하기, 학생들이 말하도록 하기의 수업진행 기술이 있다.

Yes Kim은 자신의 수업을 듣는 학생들에게 학기시작 전 수업에 대한 기대를 가질 수 있도록 이메일을 보낸다. 수업시간에는 교과서에 나오는 이론을 실제 현장에 적용한 다양한 사례를 강의자의 현장 경험, 외부강사 특강, 동영상, 신문기사, 학술지 논문 등을 통해 접할 수 있도록 한다. 수업 끝나기 5분 전, 당일 배운 내용을 간단히 정리하여 소그룹 안에서 발표하는 시간을 가지고, 수업 후에는 위 내용을 더 발전시켜 온라인 커뮤니티에 올린다. 배운 내용을 자기의 언어로 풀어내며 배우고, 다른 학생의 의견을 통해서 배우는 것이다.

가끔씩 학생이 교수가 되는 '학생 교수' 시간을 만들어 각 학생이 가진 강점을 드러낼 수 있는 기회를 주기도 한다.(예: 영문과 학생에게는 영어 연설문을 외워 발표하게 함) 이런 환경에서 학생들은 책의 내용을 그냥 듣는 것이 아니다. 자기 주변 현실에 적용해보고, 여기에 자기의 생각을 덧붙이며 학습하게 되는 것이다. 학생들은 점점 배우는 것에 재미를 느끼게 되고, 수업에 집중하며, 수업의 목표를 달성하기 위해 더 많은 시간을 들이게 된다. 다양한 언어, 시, 문학, 명언, 유머 등을 적재적소에 배치하는 강의를 통해 학생들 모두가 수업에 주도적으로 참여하게 되는 것이다.

Yes Kim이 한 가지 더 중요하게 생각하는 것이 있다. 그것은 학생들에게 끊임없이 다양하고 유용한 정보들을 제공해야 한다는 것이다. 학생들에게 다양한 정보를 접할 수 있는 기회를 제공한다는 것은 얼핏 보면 어려운 것 같지만, 사실은 그렇게 어려운 일은 아니다. 눈만 뜨면 전부 정보다. 공모전, 캐치프레이즈, 표어, 에세이 공모, 인턴사원 모집, 각종 시험급수, 각종 봉사활동, 체험 등 주위를 둘러보면 학생들에게 유용한 정보는 주변에 항상 널려 있고 매우 흔하다.

4학년이 되어 자기 소개서 쓸 때 한 줄도 쓰지 못하는 학생들도 많다. Yes Kim은 수업시간이나 쉬는 시간에 학생들에게 늘 도전하라고 권면한다. 그리고 도전하는 방법과 길을 일러 준다. 영어 콘테스트를 준비하는 학생의 영작을 전문가에게 의뢰하여 고쳐 주거나 외국인을 소개시켜 주기도 한다. 그런 조그마한 것에도 학생들은 시동이 잘 걸리고, 스스로 용기를 내어 도전하는 경우가 많다. 그런 학생은 그 도전 속에서 참 기쁨을 얻고 그러한 경험을 통해 더욱 배우고자 정진한다. 할 수 있다고 생각하면 할 수 있는 것이다.

Yes Kim은 늘 학생들에게 Can-Do Sprit을 심어주고자 노력하고 있다.

⑤ 학생을 어떻게 대하는가?

최고의 교수들은 학생들은 배우고 싶어 하고, 배울 수 있다는 전폭적인 믿음을 가진다. 본인의 사적인 성공 및 실패 이야기를 솔직하게 이야기하며 학생들과 두터운 신뢰관계를 쌓는다.

Yes Kim 수업의 강의평가에서 가장 자주 나오는 말은 할 수 있다는 '자신감'을 얻었다는 것이다. 그의 인간관, 학생관, 학습관에서 비롯된 긍정의 마인드는 학생들에게 그대로 전달된다. 인간은 누구나 각자의 재능을 가지고 태어났고, 노력한다면 어느 누구나 일정 목표에 다다를 수 있다는 분명한 믿음의 말들을 학생들은 수업 내내 듣는 것이다. 학생이 청하는 면담은 우선순위 1순위이다. 아무리 바빠도 학생의 이야기를 충분히 듣고 그를 도울 수 있는 시간을 지나치지는 않는다. 혹시라도 사정이 있다면 반드시 추후에 학생과 시간을 갖는다.

Yes Kim의 수업시간에 소외되는 학생은 별로 없다. 한국어에 미숙하여 수업에 적응하기 어려운 외국인 학생들에게 영어와 한자를 섞어가며 설명을 한다. 매 수업에 잘 적응하였는지 챙기면서 한 학기를 포기하지 않고 이어가게 한다. 결석을 하는 학생들에게는 문자 및 이메일로 격려의 메시지를 보낸다. 학생들은 그들이 받은 기대감 때문에 더 이상 결석하기가 어렵다. 종강 시간에는 학생 모두와 일일이 악수를 하며 축복의 말을 건넨다.

⑥ 학생과 자신을 어떻게 평가하는가?

교수들은 학습을 돕기 위한 학업평가를 한다. 자신에 대해 평가할 수 있는 자신만의 점검과정을 가진다.

Yes Kim 수업의 시험시간은 대학의 여느 시험시간과는 다르다. 고요하게, 집중하여 답을 적는 것은 같지만, 답을 적는 학생들의 마음의 심리상태나 동기가 다르다. 기말고사를 치르기 전, 학생들은 학업성취도에 대한 자기관리표를 작성하며 학생 본인이 수업에 얼마나 참여하였는지, 학습공동체에서 얼마나 배려를 했는지 스스로 평가하게 한다. 같은 조의 동료학생 조언자에게도 평가를 받는다. 이런 다면적, 다각적 평가를 통해 학생들은 한 학기를 반성해 볼 수 있는 기회를 얻는다.

매 수업 후 올라오는 각 학생들의 피드백을 통해 그 수업 시간에 배울 중요한 개념을 얼마나 이해했는지 확인한다. 학생들의 이해가 부족한 때에는 또 다른 방법과 예시를 써서 어떻게 하든 모든 학생이 이해할 수 있도록 보완한다. 더하여 학생들의 학업성취도 자기관리표, 주관식으로 자신이 알고 있는 것을 써내려간 시험지를 통하여 그때까지 자신의 수업이 학생들이 제대로 학습되었는지를 지속적으로 꼼꼼하게 평가하고 또 보완한다.

지금까지 여섯 가지의 질문을 통해 좋은 교수, 좋은 수업에 대해서 살펴보았다. 물론, 좋은 수업의 가장 중요한 척도는 학생이다.

"제가 이 수업의 많은 개념들을 이해할 수 있었다는 것에 놀랐어요.", "이 분야에 대해서 계속 공부해보고 싶은 마음이 들었어요.", "수강하기 전에는 재미없는 과목인줄 알았는데, 듣고 보니 매우 재미있었어요.", "교수님은 문제 푸는 것을 보여주실 뿐만 아니라 우리가 스스로 생각해서 푸는 방법을 찾도록 도우셨어요.", "이 전공에 대한 제 사고의 틀이 확 달라졌어요."

학생들로부터 이런 이야기를 듣는 대학 수업의 모습은 어떠할까?

5. 목표가 분명한 수업

글로벌 경쟁력 향상에 효율적인 교육모델 6C

Yes Kim이 '경영의 이해' 수업에서 학생들에게 빼놓지 않고 소개하는 것이 있다. 바로 경쟁력 있는 역량Competence을 높여 주기 위한 모델 6C이다.(『Management Stephen P.Robbins, Mary Coulter 10th Ed. Pearson』참조)

우선 역량이란 개인이 가진 효과성Effectiveness을 높이기 위해 그가 가진 지식, 기술, 습관, 태도를 잘 조합하는 것이다. 6C란 자기관리 역량, 기획력 및 행정역량, 팀워크 역량, 커뮤니케이션 역량, 국제 감각, 전략적 행동역량의 6가지 역량모델을 말한다.

6C를 강화할 SMART한 목표를 세워라!

대학에서 자신의 역량을 강화할 수 있는 첫 번째 단계가 목표를 세우는 것이다. 입학 전에 세웠으면 훨씬 더 좋지만 지금도 좋다. 어떤 일을 할 때에는 항상 하고자 하는 목적이 뚜렷해야 올바른 방향을 잡고 그것에 맞춰 올바른 방법으로 목표를 달성할 수 있다. 삶은 결코 돌아올 수 없는 외길을 가는 것이다. 어떤 길을 가든 그것은 개인의 자유지만 목표가 없으면 삶의 보람을 맛볼 수 없다. 단정적으로 말하자면 목표가 없는 인생은 반드시 후회하게 된다.

학생들은 대부분 고등학교까지는 부모나 타인의 영향 아래서 수동적으로 행동해 왔다. 하지만 대학 4년은 자신이 능동적으로 인생의 구체적인 목표를 정하고 가야 하는 중요한 시기이며, 자아를 확립하는 마지막 시기이다. 목표는 개인마다 다를 수 있지만 목표를 세우는 요령이 SMART를 지키는 것이다.

S·M·A·R·T 란?

S : 구체적Specific으로 세워야 한다. 나폴레온 힐은 "목표를 명확하게 하는 것만으로도 주변 사람들의 도움을 얻을 수 있다"고 말했다. 힐도 불가능해 보이는 목표를 설정하고 전력투구를 할 때 매번 예기치 않은 도움을 받았는데, 그는 그것을 '자신 뒤에 있는 투명인간으로부터의 도움'이라고 표현했다.

M : 측정가능Measurable하게 한다. 측정 가능한 목표는 일간, 주

간, 월간, 학기, 연간, 2년, 4년 등으로, 시간계획 노트를 가진다. 시간단위로 세운 목표를 간단하게 메모하고, 달성한 것에는 표시해두어 진도가 보이게 한다. 계획들이 측정 가능한 수치로 바뀌어져 있다.

Ⓐ : 달성 가능한Attainable 목표를 세워라. 자신이 현재 처한 상황에 맞게 너무 허황되지 않은 범위 내의 목표라야 된다.

Ⓡ : 현실적Realistic으로 세운다. 집을 짓는다면 층수뿐 아니라 예산과 비용 등도 계획에 넣어야 한다. 큰 목표는 단계별로 나누고, 보다 현실적인 목표를 정해야 실현 가능성도 높아진다. 건축 완료시점을 정하고, 어떻게 지어나갈지 건축에 따른 모든 수단과 방법을 점검하는 것처럼 한다.

Ⓣ : 기한을 한정Time-based해야 한다. 가능한 한 기간을 한정해서 도달시켜야 할 시점을 정해야 된다. 기한이 없으면 끝없이 늘어날 수도 있고, 단기 목표나 일간 주간 등을 정할 수 없는 경우도 있다.

SMART하게 목표를 정해도, 주의해야 할 것이 있다. 바로 목표를 이룰 수 있다고 믿는 것이다. 목표를 달성했을 때의 자신의 모습을 마음속으로 그려보자. 자신이 어떻게 변화할 것인가를 구체적인 이미지로 그리는 강력한 자기암시는 목표 달성을 훨씬 앞당기게 해준다.

누가 당신의 꿈에 대해 '그건 무리야', '그만두는 게 나아'라고 말하더라도 괘념치 말라. 부정적인 의식은 당신을 쉽게 지배한다. 부정적인 생각이 마음속에 자리 잡지 못하게 하라. '나라면 할 수 있어', '내가 이 일을 이루지 못할 이유가 무엇인가?' 등 긍정적인 생각을 지속적으로 품는 것이 바람직하다.

실패를 두려워하지 말아야 한다.

한 번도 도전하지 않은 삶보다 실패의 쓴맛을 아는 삶이 더 의미 있다. 포드의 창업자 헨리 포드는 "미래에 대한 두려움, 실패에 대한 두려움은 당신이 행동하지 못하도록 당신의 옷자락을 자꾸만 잡아끈다. 그러나 실패는 성장으로 이어지는 유일한 기회다. 성실하게 노력했는데도 실패하는 것은 수치가 아니다. 실패를 두려워하는 마음이야말로 진짜 치욕이다."라고 했다.

요즘 대학생들은 졸업을 미루기 위해 일부러 한두 과목의 학점을 남긴다거나, 4학년이 되어서 어학연수를 가거나, 취업준비를 위해 한 두 학기를 휴학한다. 이렇게 나중에 준비하는 것보다는 대학초기에 SMART원칙에 따라 목표를 잘 정하는 것이 더 좋다. 예를 들면 유통회사에 취업하고 싶다면 미리 관련 분야의 과목을 수강 신청하여 이론적인 배경지식을 습득해 놓는다. 또한 틈틈이 유통관리사, 물류관리사, 각종 컴퓨터 자격증 등의 자격증을 취득하고 방학기간을 이용하여 관련회사의 인턴사원에 지원하여 미리 경험을 쌓는 것도 바람직한 방법이다.

앞에서 SMART한 목표를 세웠다면, 자기 브랜드 관리를 위해 목표를 세우고 행동하는 것부터 시작한다. 브라이언 트레이시는 "목표가 없는 사람은 목표가 분명한 사람을 위해 일평생 종노릇하는 것과 같다."고 표현했다. 이를 통해 지금부터라도 비전을 세우고, 목표를 세우고, 전략을 세우고, 스킬을 습득하는 4단계를 거쳐 자신의 삶을 새롭게 해 나가라.

① 자기관리는 정직과 신뢰를 바탕으로!

글로벌시대의 생존전략으로 먼저 자기관리Self Management 역량을 강화해야 된다. 여기에 포함되는 것으로는 정직, 신뢰, 윤리, 일과 생활과의 조화, 시간관리, 자기통제, 부단한 자기계발, 자아인식, 자아발견, 자신의 정체성 확립, 도덕기준 향상 등이 있다.

학생은 주도적 학습과 경륜을 통한 자기관리 역량을 제고해야 된다. 여기서 경륜이란 책상위에서 습득한 건조한 지식이 아닌 아르바이트와 동아리활동, 봉사활동, 각종 공모전 참여, 인턴 활동 등의 치열한 실전 체험이다. 체험이 부족하면 철학도 빈약하다. 때문에 작은 활동들이 후일 큰 나무의 깊은 뿌리가 되는 것이다. 이제

개인도 기업도 정직과 신뢰를 떠나서는 존재할 수 없는 시대가 됐다.

글로벌 시대의 경쟁력은 자신의 정직으로부터 나온다. 인류의 역사상 가장 오래된 거래가 무엇일까? 많은 사람들은 '뇌물'을 든다. 그만큼 부패는 뿌리가 깊고, 인류 역사와 함께해 왔기에 쉽게 사라지지 않는다. 그러나 부정과 부패는 종국에는 개인도, 기업도, 나라도, 그 어떤 조직도 무너뜨리는 파괴적 속성을 가지고 있다. 많은 나라에서 부정과 부패를 저지른 정권들은 그 역사가 결코 오래가지 못하였다.

정직을 바탕으로 하지 않아 망한 예는 많다. 미국의 에너지 중개회사였던 엔론Enron, 1985~2001은 포춘지 선정 세계 500대 기업 중 7위를 기록할 정도로 성장해 나갔다. 그러나 이 회사는 과거 10여 년 동안 장부조작 등을 통해 성장한 것이었다. 결국 2001년 회계부정으로 파산했다.

우리나라에서도 돈 버는 일이라면 수단과 방법을 가리지 않는다. 그 대표적인 사례를 꼽자면 비윤리적으로 불량음식을 생산하고 이를 유통시켜 국민건강을 해친 석회두부사건이나 불량만두사건 등이 있다.

이와 대조적으로 정직과 신뢰를 바탕으로 성공한 '존슨앤존슨'은 윤리경영을 실천한 대표적 기업으로 손꼽힌다. 한 사례를 들면, 1982년 미국 시카고에서 주력 제품인 타이레놀을 복용한 사람 8명이 사망한 사건이 발생했다. 그러자 미국식품의약국FDA에서는 시카고 지역 제품만 수거하라는 권고를 내렸다. 하지만 존슨앤존슨에서는 미국식품의약국FDA의 권고를 뛰어넘어 전국에서 약 3,000만 병, 1억 달러 가량의 타이레놀을 전량 회수했다. 이사건 이후 소비자들은 존슨앤존슨의 윤리적 태도를 신뢰하는 쪽으로 기울게 됐다. 이는 토요타의 리콜이 지연되어 호미로 막을 것을 가래로도 못 막는 꼴이 된 것과는 대조적인 사건이다.

개인도 성공적으로 살아가기 위해서는 정직과 신뢰가 있어야 된다. 배운 만큼 도덕적 책임도 더 따른다. 시오노 나나미의 『로마인 이야기』에 보면 로마 천 년을 지탱해준 철학은 바로 '노블레스 오블리주'였다고 한다. 혜택 받은 자들의 신뢰와 정직을 바탕으로 한 책임 또는 솔선수범하는 자세가 바로 그것이다. 이는 도덕적 의무를 통해 삶의 질을 높일 수 있다는 것을 보여준 한 예이다.

이렇듯 윤리는 트렌드가 아니라 하나의 핵심역량이다. 비즈니스 세계에서 탐욕에 따라 행동하는 사람들은 훗날 후회할 일을 당하게 될지 모른다.

일부 대학가에서는 중간·기말고사 기간이 되면 과거에는 보지 못했던 알림문구가 곳곳에 붙여 있는 것을 보게 된다. 최근 연구조사 결과 학생시절의 부정직성이 학교 졸업 후 직장에서의 부정직성과 매우 높은 관련이 있음이 밝혀졌다.

정직과 신뢰는 하루아침에 생기는 것이 아니지만, 대학시절부터라도 이를 실천하고자 하는 의지가 중요하다. 최근에는 과제물로 내는 리포트를 중개하는 인터넷 사이트도 많다. 그러나 이런 사이트에서 리포트를 구입하거나 타 학생 리포트를 짜깁기해서 제출하기보다는 다소 부족하더라도 직접 공들여 작성하는 것이 정직과 신뢰를 쌓는 작은 실천이다.

② 기획력·행정력을 높여라!

오늘날 글로벌 경기불황에 따라 기업들의 인재관도 급격하게 변하고 있다. 최근 주목받는 인재는 출신학교, 자격증, 어학 등 화려한 스펙을 갖춘 엘리트형, 화초형 인재보다는 끈기와 인내를 갖추고 다양한 경험을 갖춘 잡초형, 실무경험이 많은 혁신형 인재를 선호한다. 상황에 맞게 탄력적으로 업무를 수행하고 자기 전문분야에 깊이 있는 지식을 가진 소위 T나 π자형 인재를 선호한다는 것이다. 특히 변화하는 환경에 전략적으로 대응하기 위해서는 창의성을 바탕으로 한 기획력 있는 인재를 필요로 하는 것이 최근 채용시장의 트렌드다. 기획력이야말로 능력 있는 프로비즈니스맨이 가져야 할 핵심 자질이다.

기획은 꿈을 구체적인 목표로 바꾸고 목표 달성에 필요한 일련의 행동을 설계하는 작업이다. 즉, 기획은 막연한 꿈을 구체적으로 실현가능한 것으로 바꾸는 과정이므로 대학생은 학습관리, 시간관리, 인생관리, 졸업관리 등에 걸친 자신의 생활과 삶에 대한 기획을 하여야 한다. 기획에는 사고思考와 함께 4고四考가 필요하다. 4고四考란 발로 뛰면서 생각하는 '현장감각足考'과 마음을 움직일 수 있는 깊은 '생각心考', 그리고 손으로 기획서를 정리해야 하는 '수고手考'와 이렇게 정리된 기획서를 말로 설명해야 하는 '기술口考'의 총체적인 활동이다.(『기획력을 기른다』다카하시 마코트 지음·김영신 역, 지식공작소) 만약 교환학생으로 인도에 가려는 꿈을 가졌다면 교환학생 프로그램에 대한 정보를 얻고, 해당국의 언어를 습득하는 과정 등 일련의 기획 절차를 밟아야 하는 것이다.

또한 기획은 목표를 구체화하기 위해 반드시 이를 문서로 작성해 놓아야 한다. 기획력의 발휘는 기획서의 작성이다. 진정한 프로는 오직 한 장의 완벽한 기획서로 승부를 건다. 기획서를 작성할 때 효과적인 방법으로는 KISS Keep It Short and Simple의 원칙이 있다. 즉, 짧고 단순한 문서를 말하는 것이다.

간결하고 단순한 기획서를 작성하기 위해서는 먼저 자료를 취합하는 데 집중하여 쉽고 일상적인 어휘를 선택해 자연스러운 어조로 작성하는 것이 좋다. 다음은 기획하려는 분야에 대하여 끊임없이 생각하고 스스로 질문해야 한다. 그 과정에서 추구하는 대상에 대한 이해와 경험의 폭이 넓어지면 목표도 변하고 기획도 달라질 수 있다. 때문에 처음 세운 기획이 예정대로 진행되지 않아 때로는 기획을 변경할 필요도 있다.

이제 독불장군으로 살아갈 수 있는 시대는 끝났다. 우리 모두가 함께 잘 살기 위해 갖춰야 할 공존의 능력, 팀워크 능력이 필요하다. 이 시대는 NQNetwork Quotience가 높은 사람을 필요로 한다. NQ가 높은 사람은 비록 자신의 능력에 한계가 있고 그 배경이 약할지라도, 다른 사람으로부터 도움을 받고 주는 팀워크 능력을 발휘할 수 있다. 팀워크 능력을 향상하기 위해서는 다음의 네 가지가 필요하다.

첫째, 남의 말을 잘 듣는 이해가 필요하다. 이해란 영어 단어의 언더 스탠드는 말 그대로 밑에 선다는 뜻이다. 아래에 서기under-stand는 팀워크의 핵심이다. 팀워크가 잘되기 위해서는 먼저 낮춰야 한다.

둘째, 팀워크가 강한 사람은 남이 잘되어야 나도 잘된다는 상생win-win원리를 아는 사람이다. 팀워크를 잘 하기 위해서는 공존과 배려, 양보, 솔선수범하는 행동이 필요하다.

꿀벌과 풍뎅이는 봄이 되면 많은 곤충들과 같이 이 꽃과 저 꽃 사이를 날아다닌다. 둘 다 꽃에 들어있는 단물을 빨아먹기 위함인데, 꿀벌과 풍뎅이의 역할은 서로 전혀 다르다.

꿀벌은 꽃이 열매를 맺기 위한 도움을 준다. 열매를 맺기 위해선 꽃가루받이가 일어나야 하는데, 꿀벌이 꿀을 빠는 동안 이 꽃

저 꽃 옮겨 다니면서 몸에 묻은 꽃가루로 수정受精시켜 좋은 열매를 맺게 한다. 그러나 풍뎅이는 똑같이 꿀을 빨면서도 오히려 꽃자루와 꽃잎을 상하게 한다. 가루받이로 열매를 맺게 하기는커녕 꽃 자체를 아예 파괴해 버린다. 이런 풍뎅이 같은 사람이 우리 주변에도 있다. 바로 조직에 도움을 주기보다는 문제를 일으켜 조직을 와해시키고 파괴하는 사람이다. 우리는 조직의 이익을 위하여 무엇인가 중요한 역할을 할 수 있는 꿀벌과 같은 존재가 되어야 한다.

셋째, 먼저 남에게 주어야 한다. 주면서도 공치사 하지 말고, 주고 나서도 생색내지 않아야 한다. 학창시절에 보면 인간관계가 좋고 씩씩하게 생활하는 친구들이 취직도 잘되고, 사회에 나가서도 인정받는다. 이렇듯 먼저 베푸는 사람에게 사람들이 모이기 마련이다. 특히 형편이 될 때 잘하면 어려울 때 몇 배가 되어 돌아온다. 그러니 사소한 것부터 내가 먼저 실천하도록 애써야 한다.

마지막으로, 남을 칭찬하는 법을 배우자. 공은 상사나 부하나 동료들에게 먼저 돌리고, 책임은 내가 먼저 지는 자세를 갖는다. 다른 사람의 능력을 인정할 줄 알고, 매사를 배우는 자세로 자신을 다듬어 나가야 한다.

④ 커뮤니케이션 능력을 높여라!

커뮤니케이션은 인간관계와 일하기의 기본이다. 우리 주변에 능력은 남보다 뛰어나지만 "다른 사람과의 의사소통이 되지 않는다.", "말로 표현하는 게 아주 서툴다."라고 고민하는 사람들이 많다. 커뮤니케이션은 말하기와 듣기를 번갈아 주고받는 행위라고 할 수 있다. 말하기와 듣기 중 어느 한 부문만 충족되었다고 해서 상대방과의 성공적인 커뮤니케이션이 될 수는 없다. 호감 가는 사람들이란 남의 말을 잘 들어주는 사람이다. 말을 잘하기 위해서는 잘 들어야 하고, 상대에게 호감을 주며 듣는 기술과, 말하는 기술이 필요하다. 커뮤니케이션 능력향상이야말로 글로벌 경쟁력의 핵심이라고 할 수 있다.

커뮤니케이션의 첫째는 말하기이다.

'가는 말이 고와야 오는 말이 곱다'는 속담도 있다. 말은 우리 삶의 윤활유 역할을 한다. 사회생활의 모든 관계가 대부분 말로 시작된다. 말이란 나의 삶뿐만 아니라 남의 기분까지도 바꾸어 놓을 수 있는 가장 강력한 무기다. 말은 마음을 전하는 것이고 마음을 전할 때에도 기술이 필요하다. 사람이 말하는 언어에 진심어린 마음이 들어있지 않으면 기계와 다를 바 없다. 태도나 말을 통해 구체적으로 표현하여야 한다. 마음속 깊이 생각만 하고 태도나 말로 표현하지 않으면 상대에게 전달되지 않는다. 마음속으로 깊이 감사하는 마음이 있다면 감사하다는 뜻을 한마디라도 표현해야만 한다.

말을 할 때는 상대방과 눈을 마주보고, 말에 마음을 담아서 웃는 얼굴과 온몸으로 표현한다. 목소리 톤은 상황에 따라 적절한 변화를 주어 첫인상이 좋아보이도록 노력해야 한다.

두 번째는 듣기이다.

커뮤니케이션은 '말하기'가 아니라 '듣기'에서 시작된다. 잘 듣지 못하면 깊은 인간관계가 형성되거나 유지될 수 없다. 커뮤니케이션이 제대로 되지 않아 고민하는 경우를 보면 대부분 내 말만 하고 상대방의 말을 제대로 들어주지 않는데서 오는 경우가 많다. 상대의 말을 잘 듣기만 해도 대화는 성공적이다. 오히려 커뮤니케이션에 유능한 사람은 말하기보다 듣기에 강한 사람이다. 남의 말을 잘 들어주는 사람은 듣는 과정에서 말하는 단계로 돌아서는 타이밍을 포착하는 데 능숙하다.

커뮤니케이션에 1:2:3의 법칙이라는 게 있다.

하나의 입, 두 개의 귀 그리고 세 번의 맞장구치는 것을 말한다. 적게 말하고 경청하며 상대방이 말할 때 듣고 있다는 표현을 적극적으로 하면서 듣는 예절과 책임이 따른다는 것을 잊지 말아야 한다. 대학생 시절에 커뮤니케이션 능력을 향상시켜 개인과 개인, 개인과 집단, 집단과 집단 간에 필요한 정보를 상호 전달하는 원만한 의사소통을 통해 글로벌 경쟁력을 향상시키도록 해야 한다.

⑤ 국제 감각을 깨워라!

21세기는 다문화 시대이다. 세계화 시대를 맞이한 대학생들이 자신의 꿈을 갖고, 그 꿈을 이루기 위한 확고한 신념을 가지고 맹렬하게 나아간다면 세상의 어떠한 변화에도 적응할 수 있는 경쟁력을 갖게 될 것이다. 그렇게 되기 위해선 글로벌 매니 등 국세 감각이 그 어느 때 보다도 중요하다.

'배려', '존중', '포용' 이 세 단어는 미국의 힐러리 클린턴 장관이 한국 방문 당시 대학생을 대상으로 한 특강에서 강조한 말이기도 하다. 쓰나미처럼 밀려오는 세계화 흐름에 유연하게 대처하기 위해서는 폭넓은 국제화상식과 생생한 현장체험이 필요하다. 우리나라 기업도 외국시장에서 판매력이 점점 더 증가되고 있고, 다양한 세계시장을 무대로 영업활동도 더 활발히 전개되고 있다. 기업도 세계 또는 국가별로 더 많은 경쟁업체들이 생겨나면서 세계화 추세는 그 어느 때 보다도 급속히 진전되고 있다.

GDP 2만 달러 수준인 우리나라가 4만 달러 수준으로 도약하려면, 국가적으로도 글로벌 매너의 구비는 필수조건이다. 우리는 학연, 인연, 지연이 있는 사람들에겐 친밀감을 가지며, 실제로 이를 행동으로 표현하기도 한다. 그러면서도 낯선 외국인에게는 그 흔하고 기본적인 눈인사조차 하지 않는다. 이것은 문제다. 따라서 지금부터라도 국제매너를 갖추어야 한다. 국제적인 자리나 외국인들과의 만남에서 매너, 태도, 예의는 세계인이 되기 위한 필수요소다.

몇 가지 단순한 국제매너를 살펴보자. 레스토랑에서 식사할 때

포크는 바깥쪽부터 순서대로 사용한다. 식사 도중 콧물이 나올 경우 억지로 참으려고 코를 훌쩍거리기 보다는 코를 푸는 것이 낫다. 큰 소리로 코를 풀면 한국인은 무례하다고 생각하지만, 대부분의 미국·유럽인들은 식사자리에서 코를 훌쩍거리는 것보다는 한 번에 코를 푸는 것이 낫다고 생각하기 때문이다.

또 악수를 할 때에도 남자는 반드시 장갑을 벗고 서서해야 하며, 여자는 장갑을 끼고 앉아서 해도 무방하다. 대화 도중 상대를 가볍게 치는 습관은 외국인이 보기에 이해할 수 없는 행동 중의 하나다. 한국인은 가벼운 신체접촉은 친근감의 표현으로 이해될 수 있지만, 외국인은 좋지 않은 감정을 품은 것으로 오해하기 쉽다.

매너의 진정한 의미는 상대를 존중하고 편안하게 배려해 주는 것에서 출발한다. 엘리베이터를 탈 때에도 여성이나 신체적으로 약한 자를 우선 배려해야 한다. 문을 닫을 때 다음 사람을 위하여 문고리를 잡아주는 것도 국제매너의 한 예다. 요즈음처럼 외국인이 많은 서울 등의 대도시에서 우리는 건물에 들어갈 때 뒷사람이 따라오는데도 문을 잡아주지 않는 경우, 당연히 앞사람이 문을 잡아줄 것으로 생각한 외국인이 사고를 당한 경우를 종종 보기도 한다. 뿐만 아니라 지하철이나 공공장소에서 작은 목소리로 이야기하기, 모바일을 진동으로 해놓기, 다른 사람에게 방해되지 않도록 조용히 통화하기 등은 매너의 일부분이다.

우리나라도 머지않아 미국처럼 다양한 인종, 여러 민족이 어울려 살게 될 것이다. 거센 세계화 물결과 낮은 출산율 등으로 다문화 근로자가 증가하는 추세이기 때문이다. 그러니 지금부터라도 문화적 자아 인식, 문화적 적응성, 문화 간 이해력, 문화 간 효율성을 높이고, 자신이나 타인을 이해하며 세계적으로 자아 성취를 도모해야 한다. 대학생활 중 해외봉사활동이나 우리나라에서 열리는 각종 국제회의의 자원봉사활동 등에 참여해보는 것도 좋다. 한국국제협력단KOICA등의 도움을 받아 캄보디아, 인도 등 단기적이지만 직접적인 문화체험을 하는 기회를 가지는 것도 좋은 방법이다.

입학과 동시에 취업과목 한두 개에 올인하기보다는 다양한 분야에 대한 관심을 가져야 한다. 외국어, 역사, 철학, 문화, 미술, 디자인 등 폭넓은 교양과목과 다양한 기초인문 교양교육을 경험하고, 자신의 적성 발견과 잠재능력개발을 하여 보다 원대한 관점에서 진로를 설계하고 준비하는 것이 좋다. 국제적 기업문화를 기반으로 하는 국제 전략과 구조가 강조되는 시대에서 세계수준의 경쟁력 있는 조직을 운영할 수 있는 소양을 갖춘 '글로벌 리더'는 하루아침에 양성되어지는 것이 아님을 알아야 한다.

⑥ 유연성과 균형을 유지해라!

과거 대학졸업식은 졸업하기도 전에 대부분의 학생들이 취업하는 경우가 많았고, 따라서 졸업식은 축하의 장이었다. 하지만 최근의 대학졸업식은 이와는 다른 분위기인 것 같다. 이태백(이십대 태

반이 백수)에 이어 삼태백(삼십대 태반이 백수)이라는 신조어도 등장
할 정도로 청년 실업률이 심각하다. 공식적인 통계자료만 봐도 우
리나라의 심각한 실업상태를 실감할 수 있다. 졸업을 축하하는 분
위기보다는 졸업을 미루거나 졸업식에 참석하지 않는 경우도 많아
오늘날 대학졸업식 분위기는 대체로 매우 조용하다. 그리고 이러
한 상황은 비단 우리나라뿐만 아니다. 수년 전부터 세계적인 장기
불황으로 인해 전 지구적으로 나타나는 현상이다.

이러한 세계적인 장기불황의 시대에는 자신의 경쟁력을 키우
는 것이 무엇보다도 중요하다. 이 때문에 갖춰야 할 덕목이 있다.
2004년 스위스에서 열린 세계경제 포럼에서는 '세계시민의 조건 3
가지'를 공표했다. 전 세계 경제학자들과 기업인, 즉 세계적으로 내
로라하는 그야말로 글로벌 리더들이 모여 세계시민으로서 갖춰야
할 덕목을 발표한 것이다. 내용은 다음과 같다.(『세계를 가슴에 품어
라』김의식 지음, 2008, 명진)

첫째, 모국어와 다른 나라 말까지 포함해 세 개의 언어로 남의
의견을 들을 수 있고, 자신의 뜻과 의지를 진실하게 전달할 수 있
어야 한다.

둘째, 자신과 생각이 다른 사람을 아우를 수 있어야 한다. 지역,
학력, 빈부의 차이로 생각이 다른 사람들을 차별하지 말아야 하며
서로 다른 주장을 경청하고, 분위기를 조성할 수 있어야 한다.

셋째, 문화가 다른 사람들과 함께 일할 수 있어야 한다. 자신의 민족성과 국가 정체성을 지키면서도 다양성과 융통성을 발휘해 다른 문화권의 사람들과 어울려 일을 성취해낼 줄 알아야 한다.

산업사회에서는 지능지수를 중시해 왔다. 성공하기 위해서는 많은 지식이 필요했고 그것을 바탕으로 성공을 이루어 나갔다. 그런데 정보화 사회로 넘어오면서 그동안 우리가 미처 생각지 못하였던 새로운 용어가 나오기 시작했다. 그것은 바로 감성지수EQ다.

감성지수란 IQ와 달리 원만한 대인관계, 창의적인 사고에 바탕을 둔 정신활동을 뜻한다. 그동안 지능 중심의 사회에서는 경쟁을 바탕으로 한 많은 문제를 표면화시켜, 사회가 살벌해지고 개인의 정서가 황폐해졌다는 비판이 있었다. 그러나 감성지수가 발달한 사람은 남을 배려하고, 사고가 자유로우며, 도덕적 균형 감각도 있기 때문에 훨씬 원만한 사회 모습을 만들어낸다는 주장이 나오기 시작했다.

여기서 우리가 주의해야 할 것은 '이제 EQ의 시대니깐 IQ는 필요 없겠지'하는 논리이다. 사실 IQ가 수반되지 않은 EQ는 무의미하다고 말하고 싶다. 아직도 많은 활동들이 지식의 기반에서 이루어지고 있으며 그것을 보완하는 것으로 EQ를 강조하는 것이지 결코 독립적으로 EQ를 발전시켜야 한다는 뜻은 아니다. 현 시대를 살아가는 우리에게는 IQ와 EQ의 절묘한 조화가 필요하다. 그것이

지성과 감성을 가진 진정한 인간의 모습을 만들어 줄 수 있기 때문이다.

다양화가 요구되는 시대일수록 세계 시민으로서의 경쟁력을 갖추기 위해서는 IQ와 EQ외에 유추지수AQ, 영성지수SQ, 사회성지수SQ, 도덕지수MQ, 열정지수PQ, 실용지수PQ, 창조성지수CQ, 변화지수CQ, 디지털지수DQ, 글로벌지수GQ, 공존지수NQ 등의 각종 경쟁력지수가 절실히 필요하다.

티끌 모아 태산을 이루기 위해 무수한 개미들은 한 줄로 질서정연하게 일터로 나간다. 여름에 끈기 있게 땀 흘려 준비해서 겨울 월동준비를 한다. 하지만 요즘 젊은이들 사이에 유행하는 신新 개미와 베짱이 이야기는 다르다. 개미는 여름 내내 일밖에 모르고 살다가 노년에는 병이 들어 온몸은 만신창이가 된다. 허리에는 디스크, 무릎에는 관절염, 그밖에 몸이 성한 곳이 없어 삭신이 쑤시고 엉치뼈가 천근만근이라고 늘 투덜거리다 일찍 죽고 만다. 그러나 베짱이는 우거진 녹음의 나무 위에서 열심히 노래를 불러 MP3를 만들어 엄청난 돈을 벌게 된다. 이러한 풍경은 농경사회 및 산업사회에서는 상상도 못할 일이었다. 20세기에서는 무조건 땀 흘려 열심히 일하는 사람이 인정을 받았다. 이제는 한사람의 능력으로 승부를 다투는 시대는 지났다.(『전환기의 직업윤리』, ‘현대판 개미와 베짱이의 우화’에서 일부인용)

우리나라에서 열린 G20국가 정상회담에서도 중요한 의제는 창의력을 갖춘 글로벌 인재를 발굴하여, 양성하는 것이었다. 한경 인재포럼과 매경 지식포럼에서도 세계무대에서 경쟁력을 갖춘 글로벌 인재의 중요성을 강조했다. 이러한 글로벌 인재 양성을 위해서는 무수히 변화하는 불확실성 시대에 능동적으로 대처할 수 있는 창의력을 갖춘 인재의 양성이 급선무다.

창의적 인재가 갖춰야할 것들을 순우리말 4자로 표현해보면 ‘끼끈꾀깡’이 된다. 끼는 차별화된 기술, 끈은 폭넓은 인간관계, 꾀는 문제를 슬기롭게 풀어 나갈 수 있는 지혜, 깡은 굽힐 줄 모르는 끈기다. 자신의 적성과 재능을 고려하여 어떤 것을 잘할 수 있는지를 찾아 이 4요소에 맞춰 준비하면 창조적인 글로벌 인재가 될 수 있을 것이다.

21세기는 개미시대가 아니라 거미시대라고도 한다. 거미와 개미의 가장 뚜렷한 차이점은, 개미는 조직이 없으면 존재할 수 없는 집단형 존재인데 반해, 거미는 스스로 독립적인 존재다. 또한 개미가 명령과 복종, 지시와 순종의 피라미드 사회를 형성하지만, 거미는 각자 독자적인 네트워크를 형성한다. 요즘은 일하는 방식이 달라졌다. 21세기 거미시대 즉, 네트워크 사회에서는 일하는 방법부터 대 전환이 온 것이다. 21세기는 각자의 소질과 능력을 모두 하나의 아이디어로 창출하지 못하면 경쟁력을 창출하지 못하는 거미시대다.

배출된 인재 이야기

1. 주무관 이야기

인천대학교 02학번 졸업생
헌법재판연구원 행정주사보(7급) 문재현 주무관

교수님을 처음 만난 것은 2006년 2학기 개강 때였다. 2년간의 군 생활을 마치고 복학하는 첫 학기라 설레기도 하고, 제대하면 무엇이든 할 수 있다는 자신감으로 충만해 있었다. 대학은 전자공학과로 입학했었다. 입대 전에 행정고시를 보겠다고 경제학과로 전과를 하고, 제대 후 제대로 준비하여 졸업 후에 합격하겠다는 큰 꿈을 꾸었다. 그때는 진로에 대한 고민이 많았다. "어떻게 살아야 진정 의미 있는 인생을 살았다고 할 수 있을까? 기왕 일하는 거 평범한 직장생활보다는 나라를 위해서 내 힘으로 조금이라도 도움이 될 수 있는 일이 없을까?" 등으로 많은 시간을 고민했다. 그러다가 공무원이 되면 그런 뜻을 이룰 수 있고, 주변의 조언과 격려 또한 든든한 힘이 되어서인지 나는 그렇게 진로를 정했다. 그러던 와중에 '현대생활과 재테크'라는 교양과목을 통해서 김 교수님과의 인연이 시작되었다.

강의 첫 시간이었다. 다른 수업과는 달리 교수님은 교수님의 휴대폰 번호나 이메일 등 자신과 연락을 주고받을 수 있는 수단을 공개하셨다. 학생과의 대화를 중요하게 여기시는 모습으로 기억된다. 그리고 반장을 뽑았다. 초·중·고등학교를 졸업하고 성인인 대학 강단에서는 볼 수 없는, 독특한 모습을 보고 학창시절이 생각나기도 했다. 그때는 제대 후에 적극적으로 학교생활과 학업에 충실하자는 생각으로 서슴지 않고 손을 들어 반장을 자원하였고, 그후 교수님과의 끈끈한 인연이 시작되었다. 교수님은 수업 후 언제나 강의실 책상 위에 둔 음료수 캔 정리, 칠판 지우기, 강의실 주변 휴지 줍기, 전깃불 끄고 나오기, 교실 밖의 담배꽁초 줍기 등을 몸소 본을 보이셨다. 교수님은 이를 확산시켜 학생들에게 실천토록 하려는 의도에서 이러한 일들을 몸소 실천하셨던 것 같다.

나는 반장을 하던 중 교수님으로부터 자신의 일을 도와줄 수 있느냐는 제안을 받았다. 당시 공무원 시험에 대비해 수험생활을 시작하려는 참에 교수님과 일을 하면 나의 인생에도 도움도 많이 되고 자극제가 될 수 있을 것 같아 흔쾌히 제안을 받아들였다.

교수님과 함께 일하면서 나는 저술 작업이나, 각종 연구, 논문, 프레젠테이션 준비 등 참 많은 일들을 배웠다. 교수님과 일을 하면서 느낀 것은 벼는 익을수록 머리를 숙이는 것처럼, 사람 또한 배울수록 겸손해진다는 것을 알 수 있었다. 이력서를 보면 알 수 있 듯, 교수님의 인생은 '배움'이라는 것을 한눈에 볼 수 있었다. 엄청 난 학습시간과 학위 등 많이 배웠으면서도 항상 부족하다고 느끼시 고, 더 공부하려는 배움에 대한 욕심이 크신 분으로 느껴졌다. 특 히 5년 동안 항상 무거운 책들을 양손에 들고 다니는 모습을 보고, 내가 "교수님, 무거운데 너무 많은 짐을 들고 다니시는 것 같습니 다."라고 이야기해도 항상 변함없는 모습이셨다. 특히 다른 사람에 대한 배려와 존중, 예절 등은 20대 중반에 쉽게 배울 수 없는 내 인 생 최대의 선물이라고 생각한다. 때로는 온종일 작업도 함께 했기 때문에 점심, 저녁을 같이 먹기도 했다. 그사이 다른 사람과 통화 하는 것이나 이메일을 작성하는 것 등, 어깨너머로 배운 것을 통해 버릇없던 내가 점점 예의바른 모습으로 변해가고 있다는 느낌을 갖 게 되었다.

성품 또한 변해갔다. 차분하지 못하고, 조바심이 많아 항상 빨리 빨리를 생각하던 내가 차분해지고, 조급함보다는 여유를 갖고 생각 하는 경우가 많아졌다. 수험준비를 하면서 변화하는 내 자신이 느 껴졌다.

일단 목표를 분명히 하고 구체적인 스케줄을 세웠다. SMART 프 로그램을 활용하여 공무원 시험합격 최종 시한을 정하고 각 과목 별 학습목표, 진도, 학습방법, 애로사항, 모의시험응시, 결과차이 분석 등의 테이블을 만들어 최종합격 날짜에서 역산하여 준비했다.

분명한 학습목표를 두고 연도별, 분기별, 월별, 주별, 일별로 나눠 학습했다. 매 과목당 약 1,000페이지에 달하는 기본교재를 최초에는 정독하고 이해하는데 6개월이 걸렸으며, 3개월이나 1개월에 한번씩 중요문제를 개관하여 전체적인 흐름이 유지되도록 하였다.

수험준비를 하면서 지식도 많이 늘었지만, 이러한 과정을 거치면서 실전에 필요한 것을 배웠기 때문에, 선발과정에서 갈수록 강화되어가는 면접시험도 쉽게 통과하고 거뜬히 최종합격도 할 수 있었다.

2010년 대학을 졸업한 그 해에 국가직 일반행정 7급, 국방부 군무원 일반행정 7급 2개의 시험에 필기합격을 거쳐 최종합격하는 기쁨을 누렸다.

특히, 국방부 군무원 행정 7급 면접은 3명 중 한 명만이 선발되기 때문에, 면접에 대한 부담이 상당히 컸다. 국가직 면접과는 달리 30분 동안 대학 교수, 장교, 군무원 등 다양한 분야에서 5명의 면접관으로부터 무차별적 질문을 받았다. 이때야말로 교수님과 생활하면서 자연스럽게 체득한 것들이 빛을 발하는 순간이었다. 1차 필기 시험합격자가 모두 나보다 학벌은 소위 월등했지만 블라인드 면접으로 진행됐기에 나의 역량이 무엇보다 중요했다.

나는 알고 있는 지식을 차분한 습관과 태도, 균형 잡힌 스킬로 표현하였다. 이는 Yes Kim 교수님의 연구 보조 활동이 큰 도움이

되었다. 수업시간에 반장을 한 이후로부터 줄곧 남을 섬기기, 도와
주기, 동료의 어려운 일에 동참하기, 예의범절, 꾸준한 인내, 표현
력, 설득력, 인간관계, PPT등 자료를 통한 프리젠테이션 등에 있
어 괄목할만한 변화가 생겼고, 이것이 바탕이 되어 선발과정에서
나는 자신감 있게 대처할 수 있었다. 면접에서 나의 역량이 잘 발
휘되었다는 생각이 들었다. 면접을 마치고 나는 바로 합격을 확신
했고, 예상대로 최종합격을 하였다.

나는 마지막으로 한 권의 책이 사람을 바꿀 수 있다는 말을 하고
싶다. 책 한 권이 만들어지기까지 작가의 엄청난 노력이 필요하단
걸 알 수 있었고, 특히 『세계를 가슴에 품어라』는 반기문 유엔사무
총장의 스토리를 작업할 때는 간접적으로 반 총장의 인생을 경험할
수 있는 좋은 기회가 되었다. 중요한 순간에 교수님과의 인연으로
지금의 위치에서 일할 수 있게 되었다. 앞으로 국민과 국가를 위해
헌신하고, 좀 더 나은 사회가 되도록 기여하려는 초심을 잃지 않는
공무원이 될 것을 다시 한 번 다짐한다.

대학생이 되고 나서 학과 공부와 공무원시험 준비로 인해 독서가
소홀해졌고, 교수님의 교훈이 나의 독서 습관에 변화를 주었다. 이
제 나는 다양한 종류의 독서뿐 아니라 자투리 시간을 이용해서 활
자로 된 책을 반드시 읽는다. 경영, 경제 분야는 물론 인문학, 나아
가서는 과학 분야 등 다양한 분야에 대해 관심을 두게 되었다.

스마트 폰이나 TV동영상 등이 나의 뇌신경 세포활동을 방해하고 잠재능력을 축소시킨다는 것을 생각하면 소름이 끼친다. 대학 시절부터 들여놓은 독서습관을 통해 유해한 환경으로부터 보호받았다는 생각이 들 때마다 교수님이 떠오른다. 다양한 독서에 대한 본을 보여 주신 교수님, 독서의 중요성을 일깨워 주신 교수님께 감사의 뜻을 전한다.

"끝으로 교수님께 참으로 감사하다는 말씀을 드립니다. 그리고 소중한 인연을 평생 같이하고 싶다는 마음도 전하고 싶습니다! 세상에 공짜가 없다는 것을 다시 한 번 실감케 했습니다. 감사합니다, 교수님!"

2. 관세사 이야기

최재순(학교 겸임 교수 시절의 인연)

인생을 살면서 우리는 항상 스스로가 아닌 누군가로부터는 보살핌과 사랑을 받고, 누군가로부터는 지식을 얻고, 누군가로부터는 교훈을 얻고, 또 누군가를 보고, 느끼면서 그렇게 자신의 인생을 변화시켜 간다. 나도 마찬가지다. 부모님의 사랑을 받으며 성장했고, 수많은 은사님들의 가르침을 받으며 오늘날 여기 이 자리에 와 있을 수 있었다. 그런 점에서 김의식 교수님은 내게 매우 특별한 분이었다. 잠시 교수님과의 인연을 써보고자 한다.

초·중·고등학교생활을 마치면서 그간 억압되었던 구속(?)에서 벗어나 부푼 마음을 품고 20세기의 마지막 해인 1999년에 대학에 입학하였다. 그 해 나는 지금껏 누리지 못했던 자유와 해방을 느낄 수 있었다. 1학년 때는 이런 자유와 함께 동아리 친구들과 어울리며 그간 하고 싶었던 모든 것을 하고자 했다. 그간 경험해 보지 못한 수많은 경험을 해보면서 많은 것을 보고 느끼는 것에 시간가는 줄 몰랐다. 그 누구보다도 정말 열심히 놀았고, 1년 동안 강의에 출석한 횟수는 손으로 꼽으라면 꼽을 수 있을 정도였다. 그 결과 학사경고를 두 차례나 받을 정도의 낙제생이 되어 있었다(물론 복학 후에는 그때의 벌로 2배 이상의 고생을 해야 했지만).

제적위기에서 어쩔 수 없이 휴학 후 아르바이트를 하다가 입대를 하게 되었고, 군 생활 후 2003년에 2학년으로 복학했다. 누구보다도 날라리였던 내가 학부 수석이라는(주위에서는 모두 비웃었던 목표이지만) 뚜렷한 목표로 학업에 전념했다. 그와 동시에 군대시절 결심한 자격시험을 한 가지 보기로 하였다. 그래서 복학한 첫학기에 '무역학원론'이라는 과목을 수강했고, 그때 김의식 교수님을 만났다.

무역학원론은 무역학과에서 배우는 무역학의 기본으로, 과목의 깊이보다는 학생들에게 무역학의 기본을 알리면서, 싫증을 느끼지 않게 하는 기초개념 정도를 가르치는 과목이다. 당시 이 과목을 담당하셨던 김의식 교수님은 수업시간마다 정말 열심히 수업을 준비해 오셨고, 강의를 듣는 학생들이 무역이란 것에 흥미를 느끼도록 도와주셨다. 혹시나 학생들이 지루함을 느끼지 않을까 하는 생각에 갖가지 방법과 매체를 통해 학생들의 흥미를 유도해 주셨다.

한번은 우연히 교수님의 책을 볼 기회가 있었는데, 학부 수석이 목표(?)인 나보다도 더 책에 빼곡히 메모가 되어 있었다. 포스트잇과 형광펜 자국, 필기들, 아이디어들, 분명 교수님께서는 그러한 노력 없이도 충분히 강의를 하실 수 있는 역량이 있으신 분이셨다. 그럼에도 불구하고 마치 고3수험생의 노트 같다는 느낌을 받을 만큼 교수님은 매시간 강의준비에 열정을 다하셨다. 가르침을 받는 학생으로서 자신이 부끄러워지는 순간이었다. 그 후 수업 자체가 즐거웠다. 교수님께서 워낙 즐거운 강의를 해주셨지만, 나 자신도 정말 열심히 공부했다. 또 언젠가부터 나에게도 대학 강단에서 학생들에게 유익한 강의를 해보겠다는 또 다른 꿈이 생겼다. 그렇게 되기 위해서는 우선 나 자신이 전문가가 되어야 된다는 생각이 들었고, 막연히 사법시험을 준비하려던 마음에서 전공과 직결되는 관세사를 공부하기로 마음을 먹었다.

학기말고사를 마치고 시험지를 제출하면서 교수님과 짧은 면담을 하였다. 아마도 교수님께서는 기억을 못하실 수도 있겠지만, "관세사 시험에 도전해볼까 하는데 어떻게 생각하시는지요?"라고 묻자, 교수님께서는 "최군의 열정이라면 반드시 합격할 거야. 긍정적인 사고로 도전해. 최 관세사를 기대하지!"라고 격려해 주셨다. 채 3분이 안 되는 짧은 시간이었지만 그때의 짧은 응원덕분에 수험기간의 슬럼프도 극복해 나가는 원동력이 되었고, 결과적으로 합격이라는 영예로 교수님께 보답할 수 있었다.

합격자 발표 후 다시 교수님을 찾아뵈면서 학생신분이기에 비싼 선물을 살 여유가 없었던 나는 평범한 넥타이를 하나 골라 선물했다. 교수님께서는 합격의 축하와 함께 많은 덕담을 해주셨고, 한사코 받지 않으시겠다고 거절하셨지만, 며칠 후 다시 뵈었을 때, 그 넥타이를 맨 것을 봤을 때 흐뭇함을 느낄 수 있었다. 이 모두가 5년 정도가 지난 일이다. 글을 쓰면서 그때를 생각하니 다시 한 번 입가에 미소와 함께, 그때의 열정과 힘들었던 순간마다 해주셨던 교수님의 말씀이 생각나 감사한다. 더 감사한 것은 그때 교수님 일 도운 것을 알바 비용으로 채워주셔서 나는 일석 5조의 효과를 본 것 같다!

3. 동양증권 이야기

이용범(S대학교 출강 때의 인연)

대학을 4년 다니며 내가 쌓은 얼마 안 되는 스펙은 "○○대 경제금융학과, 3.91, 無토익, 5개 자격증(증권투자상담사, 파생투자상담사, 펀드 투자상담사, 일임투자자산운용사, 집합투자자산운용사), 국민은행 인턴 1개월, 동양증권 인턴, 계약직 3개월, 경제교육봉사 60시간, 2년간의 장사경험"등이다. 취업을 준비하며 스펙은 자격증부터 인턴, 봉사활동까지 금융권 쪽으로만 준비했다. 또한 스펙 이외에도 대외적인 인간관계나 자기계발, 장사를 통한 사회 경험들을 적극적으로 해왔다. 그러던 와중에 동양증권 인턴이라는 기회를 맞게 되었다. 나는 이 기회가 본인이 금융인이 되는데 무엇보다 좋은 기회라는 생각이 들었고, 이에 충실하고 최선을 다하고자 다짐했다. 결심대로 내 최대한의 역량을 펼치려 매 순간 노력해갔다. 인턴 촉탁 시 어느 정도의 퍼포먼스는 조금 보여줘야 할 필요성이 있기에 리테일 영업PB를 지원한 만큼 자발적으로 영업도 해보면서, 많이 배우고 경험하려 했다. 또한 그 과정에서 영업직 사원들은 물론, 업무직 사원들과도 원만한 관계를 맺고 해당분야에서 노력하는 모습을 보이려 노력했다.

그 과정을 거치면서 자격증 하나를 추가로 더 따는 등의 노력으로, 운 좋게도 계약직 사원까지 할 수 있는 기회를 얻었다. 그렇게 동양증권과 인연을 맺은 것이 나이 27살에 졸업 전 취업이라는 영광을 가져다주었다. 남들이 말하는 그 흔하디 흔한 토익점수도 없지만, 2년 동안 많은 사람을 만나며 상품을 직접 팔아본 경험과 어필능력, 금융권에 대한 지속적인 관심과 노력을 더 부각시켰던 것이 강력한 힘이 되었던 것 같다. 이는 정말 내가 기회를 운명으로 만드는데 가장 큰 힘이 되었다.

그리고 그 순간순간마다 날 든든하게 지켜주었던 한 구호가 있었다. 짧지만 길게 남았던 그 힘. "할 수 있다면 할 수 있다. 그렇다고 생각하면 그렇게 된다." 교수님의 강의에서 매 수업시간마다 쑥스럽게 외쳤던 그 구호였다. 그 당시 살포시 쥔 주먹으로 애써 민망해하지 않으려 노력하며 외쳤던 그 구호 한마디가 지금의 나를 있게 한 조력자 같은 힘을 발휘한 것이다. 매 순간 최선을 다했지만, 나는 항상 낮설고, 부담감도 컸다. 그렇게 망설여질 때마다 마치 친구처럼, 애인처럼, 아버지처럼 든든히 지켜준 고마움이었다.

그리고 무엇보다 교수님께 감사했던 것이 하나 더 있다. 수업으로 키워주신 생각의 폭이다.

교수님의 수업방법은 총 5단계로 진행된다.

1. 우선 현장에서 답을 찾는다. 나의 경우 신한은행, 국민은행, 농협, 우리은행 등의 금융기관, 동양증권, 신한금융, 증권회사, 한국은행 자료실, 박물관 등을 방문하여 금융기관 점포, 신종상품 등 각종상품의 서비스 팜플렛을 수집하고 질문도 할 수 있도록 현장을 통한 학습을 해주셨다.

2. 대략적으로 현장의 모습이 잡힌 학생에게 스스로 학습을 주도할 수 있도록 학생 자신이 가진 아이디어와 생각을 총 동원하여 앞으로 배울 주제에 대해 생각해 볼 기회를 주셨다.

3. 학습할 내용을 한 폭의 그림으로 만들어 진도를 개관하는 학습에 동참하기 위하여 교재 내용을 샅샅이 공부하고 관련 논문, 기사 등 자료를 통한 확충학습을 할 수 있도록 도와주셨다.

4. 스스로 만든 진도 내용을 실전에 대비한 맞춤 학습으로 이어가셨다. 상호 협력 학습을 통한 조별토의, 발표 시 리더

(조장)로서 조원들에게 역할을 배분해주고 질의응답을 통하여 나의 것으로 소화시키도록 도와주셨다.

5. 마지막으로 현장에 맞도록 응용하여 문제해결 능력을 갖추도록 조언하셨다. 이력서, 자기소개서를 작성하여 사전 클리닉을 통해 초점을 분명히 하고 지원회사에 대한 경영이념, 목표, 조직, 상품 및 서비스 등 회사전반에 대하여 파악하도록 도우셨다. 또한 자신이 준비한 스펙(성적, 자격증, 외국어, 동아리활동 등)이 지원하고자 하는 회사에 어떻게 기여할 것인가를 궁리하여 회사의 욕구를 충족시키도록 준비시키셨다.

이렇듯 다양한 방법을 체험하고 직접 참여해서 능동적으로 학습하고 발표하며 다른 사람과 토의한 것 등이 모든 것의 밑바탕으로 작용하여 어디에서 무엇을 하든 나는 자신이 있었다. 재미없는 책을 벗어나 주변상황을 살펴볼 수 있었고, 그러한 이슈에 대해서 애기도 해보면서 점차 사고능력이 확대되어 면접이나 다른 사람과의 관계에 대처하기가 아주 쉬웠다. 그렇게 넓게 생각하는 습관들이 면접질문이나 자기생각을 얘기하는데도 바로바로 표현할 수 있도록 도움이 되었다.

합격 소식을 받은 날, 나는 어머니와 부둥켜안고 울어버렸다. 그만큼 그동안 고생을 많이 하면서 이루어냈다는 것이 정말 행복했다. 안목을 키워주신 교수님께 감사드린다. 후배들에게 교수님의 방법에 무조건 빠져드는 것이 사회생활 전체를 미리 체험하는 것이라고 당부하고 싶다.

2013년 현재, 증권회사 입사한지 3년차가 된 지금 나는 아주 다이나믹한 하루하루를 보내고 있다. 시장에 대한 어려움, 주식에 대한 어려움, 영업에 대한 어려움을 매일매일 느낀다. 하지만 이럴 때 마다 앞으로 나아갈 수 있게 해주는 원동력은 바로 긍정의 힘이다. '할 수 있다고 생각하면 할 수 있다.'는 생각을 가지고 모든 일에 임한다. 당연한 말이면서 또 쉬운말 같지만 모든 일을 진행함에 있어 가장 중요하다는 것을 다시 한 번 느끼게 된다.

4. 해태제과 이야기

수업에서 꿈을 찾아가는 일련의 과정을 통해 성장하여
현재 해태제과에 입사한 표세황의 후기

교수님 수업을 들으면서 참 많은 것을 느꼈고, 얻은 것도 많습니다. 특히, 수업시간에 항상 "할 수 있다고 생각하면 할 수 있다."라고 하신 말씀이 아직도 눈과 귀에 선하게 남아 있습니다. 비록 제가 계획했던 모든 것을 이루지는 못했지만, 제일은행 견학과 목표관리 프로그램을 통해서 제가 해야 될 것이 무엇이고, 어떻게 이룰 것인지 대해 구체적이고 체계적으로 생각할 수 있는 기회가 되었던 것 같습니다.

① 이 과목을 수강 신청할 때의 마음가짐

모든 복수전공자들이 수강신청을 할 때 보는 것은 필수과목일 것이다. 경영학과에서는 경영학원론이라는 과목이 1학년 전필과목으로 배정되어 있었다. 이렇게 경영학원론과의 만남이 시작되었다. 학생들은 모두 과목을 수강 신청하기 전에 계획을 세울 것이다. 나 역시 경영학원론을 신청할 당시에도 나름대로의 계획과 마음가짐을 가지고 있었다. 경영학원론은 경영학과 과목의 1학년 전공필수 과목이다. 첫 단추를 잘 꿰어야 모든 단추를 잘 꿸 수 있기에, 경영학원론이라는 경영의 기초 과목을 완벽하게 소화할 수 있도록 해야겠다는 마음가짐을 갖게 되었다.

좀 더 적극적으로 하고자 조장에 지원했고, 자기소개서부터 시작하여 매 수업마다 주어지는 과제물을 한 번도 빼먹지 않고 충실히 해 갔다. 아마도 수강신청 할 때부터 "할 수 있다고 생각하면 할 수 있다."고 말씀하신 교수님의 말씀이 이미 마음속에서부터 싹트고 있었던 것 같다.

② 경영학원론의 학습골격(목표)

- 교육이 아닌 훈련
- 6가지 역량
  자기 관리 역량 / 전략적 행동역량
  팀워크향상역량 / 국제 감각
  기획·행정역량 / 의사소통역량
- 삼위 일체

지식 / 행동 / 경험

이번 경영학원론의 학습 골격은 단순 교육이 아닌 훈련을 중심으로 하여, 6가지 역량을 기본 교육이념(목표)으로 한 지식·행동·경험의 삼위일체식 수업이었다.

	현재모습
학점	현재까지 3.6정도의 학점을 받아놓은 상태다. 아직 이번 학기는 기말고사가 끝나지 않았지만, 다른 어느 때보다 열심히 했기 때문에 잘 나올 것으로 생각된다.
외국어	지난 한 학기 동안 1번의 토익시험을 보았다. 계획상 1월 달에 한 번 더 보아야 하지만 학군단 훈련날짜와 겹쳐있어 신청을 못한 상태다.
자격증	황동현 옆 조의 CEO에게 준비방법을 전수받고 있는 중이다. 1월 달에 신청할 계획이다.
기타	시험과목인 헌법, 민법, 형법, 국제법을 1회 읽은 상태다.

[표2] 학습목표 예시

③ 자기소개서(SMART 프로그램)

● 실천사항

나름대로 계획을 세웠던 것을 달성하기 위해 분주하게 움직였던 한 학기였다. 하지만 목표를 달성하기 위해 한 학기라는 시간은 그리 넉넉하지 않았다. 학점이나, 자격증 같은 경우는 계획대로 실행되어지고 있지만, 외국어로 인해 사법고시 1차 시험이 다음 해로 넘어간 것이 가장 아쉬운 부분이다.

하지만 이처럼 계획을 한 번 세움으로써 자신을 돌아보고, 꾸준히 그 목표를 향해 걸어갈 수 있는 기회가 된 것 같다.

④ 앞으로의 나의 학창생활 실천

3학년이 되어서야 경영학과 수업을 듣기 시작하였다. 지금 나에게는 1년이라는 대학생활만이 남아있는 상태다. 1년이라는 시간 동안 이루지 못한 계획인 사법고시를 위해서 토익점수를 취득하고, 학점관리도 충실히 할 계획이다.

이 프로그램은 대학 졸업 후, 군 장교 생활을 무사히 마치고, 현재 해태제과에서 근무할 수 있는 일련의 과정에서 큰 역할을 하였다고 생각합니다. 앞으로도 후학 양성을 위해서 노력하시는 교수님을 위해, 항상 응원하겠습니다.

준비된 리더 이야기

간호사 이야기

김해영씨 이야기

Yes Kim의 멘토 이야기

1. 간호사 이야기

Yes Kim, 그에게는 24시간이 모두 강의 준비시간이다. 만나는 인사가 모두 강의 소재다. 출퇴근 대중교통 왕복 6시간 동안 그는 가르쳐야 할 교과서의 내용은 말할 것도 없고, 신문 잡지스크랩은 물론, 길가다 주운 팸플릿의 키워드, 길가에 붙여진 현수막이나, 광고에서도 강의 소재를 찾아낸다.

그는 일상 속에서 늘 강의 구상, 묵상, 스토리텔링 등 떠오를 때마다 노트에 적는다.

아래의 예는 Yes Kim과 동 대학에서 사회복지학을 전공한 김수지 교수(선교사)의 글이다.

이화여대 김수지 교수는 재직 시 서울사이버대학에서 사회복지학을 전공하고, 이 학교의 총장이 되었다. 김의식 교수 역시 서울사이버대학에서 사회복지학과 상담심리학을 전공하여 두 개의 학사학위를 취득한 바 있다.

김수지 교수는 한국의 간호학 박사 1호, 전 이화여자대학 간호대학장, 한국 정신보건전문 간호사회장, 영파 실버 홀 '사랑의 집' 건립 봉사, 2001년 '사람 돌봄'이라는 이론으로 간호학계의 노벨상이라 불리는 '국제간호대상' 수상, 서울사이버대학교총장, 말라위 간호대학장 등 한국간호사史에 한 획을 그은 인물이다.

한 인간의 진정한 변화는 한순간의 터닝 포인트에서 시작되지만, 그 시점을 잘 몰라 꾸준히 사랑하고 돌봐야 그가 변화된다는 것을 복지를 하면서 알게 되었다. 나는 어릴 때부터 간호사가 되어, 약하고 어려운 사람들의 병을 고쳐주고 아픔을 낳게 해주겠다는 마음으로 간호학을 전공했다. 한국의 나이팅게일이라는 말을 들어도 나는 그저 평범한 간호사라고만 여긴다. 남들은 어렵고 힘들다지만, 자기가 좋아하고 원하는 일이면, 그 일은 행복하고 기쁜 마음으로 해 나갈 수 있다. 그러므로 공부를 하거나 시킬 때도 자기가 좋아하는 분야를 하면, 자기주도 학습이 되어 훨씬 더 행복한 삶을 살도록 도와주는 것이 된다. 나는 야근도 밥 먹듯 하고, 때로는 지저분하고 냄새나는 장소에도 갈 수밖에 없었지만 내가 좋아하는 일이라 즐거웠다. 그것이 주위를 아름답게 하는 사랑의 섬김이기 때문이다. 그래서 기적을 만들기도 했다.

나는 전남 여수에서 태어나 그곳에서 어린 시절을 보냈다. 초등학교 1학년이던 1948년 여수순천사건이 일어났다. 반란의 주동자들은 주민들을 초등학교 교실에 50~60명씩 집어넣었다. 그리고 그 가운데 경찰이나 교사, 목사, 공공기관에서 일한 사람은 모두 불러내 운동장에 일렬로 세워놓고 총살했다. 사흘째 되던 날에도 이들에게 이름이 불린 사람들이 운동장에 줄줄이 세워졌다. 나머지 사람들은 교실에서 유리창을 통해 그 모습을 숨죽여 지켜봤다. 키가 작은 나도 어른들 틈에 끼어 까치발을 한 채 밖을 내다봤다. 해가 뉘엿뉘엿 넘어가고 있었다. 총부리가 일제히 사람들을 향해 겨눠졌고, 총소리와 함께 사람들이 맥없이 쓰러졌다. 그런데 내 눈에 한 남자가 들어왔다. 그는 총을 맞지 않은 것 같았다. "엄마, 저 아저씨 총을 안 맞은 것 같아" 어머니는 얼른 손으로 내 입을 막았다. 총소리가 그치면 다른 사람들이 와서 완전히 죽었는지를 칼로 확인하곤 했는데 그날은 총만 쏘고 그냥 가버렸다. 사방이 조용해졌다. 나는 계속해서 그 사람만 뚫어져라 바라봤다. 한참 지난 뒤 그가 꿈틀거리는 것처럼 보였다. "하나님, 저 아저씨를 살려주세요!"

완전히 어두워지자 그는 비틀거리며 일어나더니 피를 흘리면서 우리가 있는 교실로 들어왔다. 그때 한 젊은 부인이 앞으로 나가더니 쓰러진 그를 부축해 가운데에 눕혔다. 그리고는 사람들을 두 줄로 둘러 세워 그를 가리게 했다. 그 여인은 아기를 업고 있던 아주머니의 띠를 풀어 그것으로 지혈을 시켰다. 얼마

후 피가 멈췄다. "누가 물 좀 떠다 주세요" 그러나 아무도 선뜻 밖에 나갈 생각을 하지 않았다. 내가 얼른 나가서 양동이에 물을 떠가지고 왔다. 밤새도록 헛소리를 하는 남자 옆에서 부인은 정신 차리라며 뺨을 툭툭 치고, 찬 물수건으로 얼굴을 닦아주는 등 정성스럽게 간호했다. 나도 잠을 자지 않고 꼬박 그 부인과 남자를 지켜봤다. 새벽녘에 남자가 서서히 정신을 차렸다. "여기가 어디요?" 신기하고 놀라웠다. 어린 내 눈에는 죽어가는 사람을 밤새도록 간호해서 살려냈다는 게 엄청난 사건이었다. 나는 부인에게 다가가 물었다. "아줌마 뭐하는 사람이에요?" "응, 간호사란다" 그 순간 결심했다. '아, 나도 간호사가 돼야지'

간호사가 되겠다는 결심을 굳힌 또 하나의 사건이 있었다. 6·25전쟁이 끝난 초등학교 5학년 때 학교에서 처음으로 운동회가 열렸다. 운동회 마지막 순서로 가장행렬이 예정됐는데, 담임 선생님이 "김수지, 넌 간호사야" 하며 간호사 역할을 맡겼다. 나는 펄쩍펄쩍 뛰며 기뻐했다. '내가 간호사가 되고 싶은 것을 선생님이 어떻게 아셨을까?' 감사하고 신이 났다. 그러나 기쁨도 잠시, 가장행렬에 필요한 간호사 복장이 없었다. 난감했다. 여수의원에 가서 머리에 쓰는 캡을 빌려왔지만 흰 원피스가 걱정이었다. 엄마에게 옷을 해 달라고 할 수도 없었다. 고민하다 간절히 기도했다. "하나님, 흰 원피스, 흰 신발, 흰 스타킹이 있어야 해요." 이래서 나는 완전히 간호사가 되었다.

대입원서 접수 철이 되자, 담임선생님은 내게 이화여대 영문
과를 가라고 권하셨다. 교장 선생님도 이대 영문과를 가든지 서
울대 외교학과를 가라고 하셨다. 그러면서 간호학과를 가겠다
는 내 원서에 도장을 찍어주지 않았다. 다른 아이들은 모두 원
서를 보냈는데 내 원서만 아직 남아 있었다. 다시 교장실로 불
려갔다. "내가 오랫동안 교장 생활을 했지만 너처럼 고집 센 아
이는 처음 봤다. 이게 다 너의 장래를 위해서 그러는 거야." "저
는 어려서부터 간호사가 되고 싶었어요." 나의 고집에 결국 교
장 선생님이 두 손을 들고 말았다. 그리고 시간이 없다며 선생
님 자가용에 태워 주시며 빨리 접수하라고 했다. 나는 가까스로
이화여대에 원서를 접수할 수 있었다. 그런데 막상 합격하고 나
니 1학년은 장학금 혜택이 없다고 했다. 너무나 실망스러웠다.
합격통지를 받은 후 3일 안에 등록금을 내고 입학등록을 마쳐
야 하는데 돈이 없었다. 집에서는 내가 대학에 간다는 건 생각
조차 하지 않고 있었다. 그런데 등록 마감일 오후, 집배원이 집
에 찾아와 내 이름을 불렀다. "김수지씨, 편지 왔어요. 도장 가
지고 나오세요" 당시 국제우편은 등기로 보내왔기 때문에 도장
이 필요했다. '누가 내게 국제우편을 보냈지?'

발신자를 보니 미국의 벨로씨 부부가 보낸 편지였다. 유네스
코와 숙명여고가 공동 주최하는 국제아동미술전람회에서 벨
로씨 부인이 심사한 것이 계기가 돼 우리 학교 미술시간에 데

생 강의를 한 적이 있었다. 마침 영어 선생님이 부재중이라 내가 통역을 했었고, 그 일을 계기로 그분 집에 가끔 놀러가곤 했다. 두 분은 60세가 넘었지만 자녀가 없었다. 미국으로 돌아간 두 분이 갑자기 내게 편지를 보내 온 것이었다. 반가운 마음에 급히 편지 봉투를 뜯는데 100달러짜리 수표가 봉투 안에서 뚝 떨어졌다. "수지, 지금쯤은 네가 원하던 간호학교에 들어갔겠지?" 입학을 축하한다는 말과 함께 대학에 들어가면 용돈이 필요할 테니까 쓰라는 내용의 편지가 들어 있었다. 당시 100달러는 용돈 정도가 아니라 등록금을 내고도 남을 만큼 큰돈이었다. 나는 수표를 들고 서대문의 조흥은행으로 마구 뛰어갔다. 그날 오후 5시가 등록금 납부 마감시간이었다. 그런데 은행 직원이 수표를 보더니 이대로는 바꿔줄 수 없다며 한국은행으로 가보라고 했다. 그러나 그곳 직원도 수표를 보더니 고개를 저었다. 추심하는데 최소 한 달이 걸린다는 설명에, 나는 은행장실로 뛰어 올라갔다. 어디서 그런 용기가 났는지 모르겠다. 안 된다는 직원을 뒤로하고 나는 은행장실 문을 왈칵 열고 들어갔다. 나는 다급한 목소리로 상황을 설명했다. "학생 사정은 알겠지만 아무리 급해도 추심을 하지 않고 돈을 줄 수는 없습니다" 눈앞이 깜깜해지고, 다리에 힘이 풀렸다. 눈물이 왈칵 쏟아지려는데 은행장이 웃으며 말했다. "대신 내가 학생에게 먼저 돈을 줄 테니 나중에 추심이 되면 그때 갚도록 해요" 그는 빳빳한 돈 13만환을 봉투에 넣어 줬다. 나는 감사 인사를 한 뒤 그 돈을 품에 안고

다시 서대문까지 달려갔고, 숨을 헉헉거리며 간신히 마감시간
안에 등록을 마칠 수 있었다. 그 돈으로 입학금을 내고 나니 3만
8000환 정도가 남았다. 그걸로 교과서를 사고 입학식에서 입을
포플린 원피스 한 벌까지 맞췄다. 나는 그 원피스를 12년 동안
입고 다녔다.

국민일보 인터뷰 기사 중에서

2. 김해영씨 이야기

Yes Kim은 학생들에게 전해 줄 김해영 씨의 역경을 승화시킨 생생한 스토리를 학생들에게 보여주었다. 134㎝의 거인 김해영씨의 이야기는 대략 이렇다.

첫 아이가 딸이라 화가 난 아버지는 만취해 아이를 방바닥에 내던졌다. 척추를 다친 갓난아기의 키는 더디 자랐다. 공부는 초등학교가 끝이었다. 아버지의 자살, 정신질환을 앓는 엄마 대신 동생 넷을 키우기 위해 남의 집살이를 시작했다. 겨우 열네 살이었다.

"세상은 내게 좌절을 권했지만 나는 희망을 찾고 싶었다"고 김해영은 말했다. "대학 가기 위해 공부한 게 아니라, 살기 위해 공부했다"는 그녀다. 직업훈련원에 들어갔다. 배움에 목마른 소녀는 뭐든 악착같이 배웠다. 편물기술로 전국기능대회를 휩쓸었다.

1985년에는 세계장애인기능경기대회에서 기계편물부문 1위를 차지했다. 아프리카 남부의 작은 나라 보츠와나로 간 게 스물여섯 살 때다. 어린 시절의 자신처럼 아무 희망도 없는 아이들에게 기술을 가르쳐주며 꿈꾸게 하고 싶었다. 14년 동안 보츠와나 직업학교에서 헌신한 그녀는, 미국 나약Nyack대학을 거쳐 2009년 미국 컬럼비아대학 국제사회복지대학원에 입학한다. 주인집 창문 너머 교복 입고 지나가는 아이들만 보면 눈물이 솟았던 '열네 살 식모'는 이제 세계를 무대로 활약하는 국제사회복지사가 됐다…

『김윤덕의 사랑人』'눈물을 희망으로 쏘아올린 그녀, 김해영'
인터뷰 내용 중에서

학생들이 김해영씨의 인터뷰 내용을 읽고 써낸 감상문이다.

학생들의 피드백

장애를 딛고 훌륭한 일들을 해냈다는 것이 참으로 대단하다고 생각했습니다. 특히 첫 부분에 "세상은 내게 좌절을 권했지만 나는 희망을 찾고 싶었다."라는 김해영씨의 말이 참 인상 깊었습니다. 요즘 젊은이들 가운데는 자기 앞에 놓인 무수한 장애물들을 뛰어넘지 못하고 비관하며 생을 스스로 마감하는 사람들이 많은데 그런 젊은이들이 김해영씨의 마인드를 조금이라도 배웠으면 하는 생각을 해보았습니다. 자신의 약점을 강점으로 삼아 약점을 숨기지 않고, 더 들어냄으로써 오히려 많은 장점으로 돌아왔다는 말도 상당히 인상 깊었습니다.

지금까지 제 나름대로의 고비를 수없이 넘겨왔지만, 앞으로도 힘들고 어려운 일들이 더 많이 있을 거라 생각됩니다. 그때마다 김해영씨의 말을 기억하며 희망을 찾을 수 있도록 노력하겠습니다.

최민영

김해영씨의 인터뷰 중에 가장 감명 깊었던 말은 "내가 견뎌 낼 만한 고통이 있다는 건 축복이다."였습니다. 사람들은 자기 앞에 놓인 많은 장애물들을 뛰어넘지 못하고 주변 환경에 그 탓을 돌리며 좌절하고 또 절망합니다. 그러나 그 어려운 환경과 아픔, 상처가 빛을 내고 그 아픔의 힘으로 계속 살아간다는 것입니다. 내가 견뎌 낼 만한 고통이 나중에 빛이 되어 살아가는 원동력이 되었다는 그 구절이 너무 감동적이었습니다. 그리고 저를 반성하게 만들었습니다. 항상 순간순간의 행복만을 좇아 살아온 저는 여태껏 이루어온 것이 없었습니다.

제 앞에 놓인 어려움과 장애물을 피하려고만 했지 그 경험을 바탕으로 나중에 더 위대한 일을 할 수 있을 거라 생각하지 않았습니다. 그러나 이젠 달리 생각하려 합니다. 제 인생을 더 값지게 살아보고 싶은 마음이 생겼습니다. 자신을 소중한 존재로 인식하고 어떤 어려움과 고통도 빛이라 생각하고 극복하자 다짐했습니다.

박영환

이런 글을 읽을 때마다 나는 매번 나와는 상관없는 일이라 생각했다. 이런 건 극소수의 이야기일 뿐이고 저런 역경 속에서도 희망을 놓지 않고 자신의 꿈을 향해 열정적으로 살아갈 수 있는 사람은 정말 극소수라 생각했기 때문이다. 하지만 오늘은 이렇게 생각하고 있는 나 자신이 문제가 있는 게 아닌가 하는 반성의 시간을 갖게 해주었다. 내가 지금껏 살아오면서 경험했던 좌절, 고통의 시간들… 그리고 현재도 경험하고 있는 고통들…. 이런 것들은 김해영씨가 겪어왔던 고통과 절망에 비하면 정말 하찮은 것이었다는 생각이 든다. 그런 하찮은 것들에 지레 겁을 먹고 좌절했던 내가 한심해 보였다. 또한 그런 것들을 이겨내기 위한 희망, 도전, 열정 등도 너무나 부족했다. 항상 불행한 일이 닥칠 때면 왜 나에게만 이런 시련이 오는지 세상을 원망하기 바빴고 남 탓으로만 돌리려 했었는데 이제부터는 적극적인 자세와 마인드로 앞으로 내게 닥칠 역경들을 극복해 나가야겠다는 다짐을 하게 됐다.

조영수

2012년 4월15일 김해영씨가 명성교회를 방문하여 특강할 때, 김 교수가 학생들의 소감문을 전했다. 이를 본 김해영씨는 Yes Kim에게 다음과 같은 글을 남겼고, 이 역시 학생들에게 전해졌다.

김의식 교수님께

평안의 인사를 드립니다. 집회 후에 보여주신 노트를 보고 감동하였습니다. 이렇게 이메일까지 주셔서 무척 감사드립니다. 교수님께도 조금이나마 도움이 되었다면 다행입니다.

그토록 마음 깊은 성원에 감사드립니다. 보내주신 학생들의 피드백도 잘 읽어 보았습니다.

정신을 일깨울 뿐만 아니라 행동하게 하는 데까지 저의 이야기가 힘이 되었으면 좋겠습니다. 교수님께서도 학생들을 그러한 마음으로 가르치고 계심을 알게 됩니다.

교수님께서 가르치는 학생들에게도 안부인사 드립니다.

잘 지내시길 바랍니다.

김해영 드립니다.

3. Yes Kim의 멘토 이야기

① 故김인수 교수

Yes Kim은 대학 수업의 모델을 고 김인수 교수(전 고려대 경영대 교수)로부터 배웠다. 김인수 교수와는 1973년 영어로 성경공부를 하는 대학생 모임인 'JOY 클럽(죠이 선교회)'에서 처음 만났다.

당시 김인수 교수는 가난하고 어려웠던 어린 시절과 체신 고등학교 시절을 거쳐 야간 대학인 국제대학을 마치셨다. 그리고 그해인 1971년에 미국 정부 장학생으로 선발되어 미국으로 건너가 석·박사 과정을 진행 중이었고, 여름방학 동안에 잠시 귀국하여 특강을 해주셨다. 그때 김인수 교수는 만학도로 대학생활 중이었던 Yes Kim에게 용기를 북돋아 주셨다.

학업을 마치고 귀국한 김 교수는 그 후로도 후배들을 위해 부인인 김수지 사모님(위 '어느 간호사 이야기'의 주인공)과 부부생활 세미나와 리더십 세미나 등을 진행하셨고, Yes Kim도 참여했다. 그렇게 김인수 교수와 김수지 박사를 보면서 Yes Kim은 그분들의 삶을 자신의 롤 모델로 삼아 이를 본받고자 했다.

그러나 2003년 2월 6일. 김 교수는 불의의 사고로 유명을 달리했다. Yes Kim은 처음 소식을 접하고 크게 놀랐다. 그리고 마지막 가시는 길을 지켜보게 되었다. 삼성의료원 장례식장, 영결식장, 고려대 병원에서의 시신기증 등… 김인수 교수는 Yes Kim에게 삶의 마지막까지 많은 것을 깨닫게 했다. 당시 국무총리산하 인문사회 연구회 이사장으로서, 대학 교수로서, 교회의 장로로서, 가정의 가장으로서의 삶을 훌륭히 살아가신 분이었다.

특히 그가 작고하기 1년 전 죠이 선교회관에서 16주 동안 크리스천 CEO특강을 받으면서 수업방식에 대해 누누이 들어왔고 Yes Kim은 직접 그 수업에 참여하여 참 많은 것을 배우고 느꼈다. Yes Kim은 김인수 교수가 2005년 6월 한국경영학회로부터 상남경영학자상을 받았을 때, 수상소감으로 한 말을 아직도 기억한다.

"2,500년 전 노자가 말한 리더십 이론에 의하면 부하가 경멸하는 리더는 사악한 리더요, 부하가 존경하는 리더는 괜찮은 리더요, 부하로 하여금 자기들이 다 해냈다고 신나게 만드는 리더는 위대한 리더라고 합니다. 참으로 깊은 뜻이 있습니다. 제가 명강의를 하면 학생들로부터 존경을 받을지는 몰라도 훌륭한 교수가 되지 못한다는 것입니다. 저는 학생들이 공부를 열심히 하지 않으면 안 되도록 만듦으로써 학생들이 엄청나게 학습하도록 하는 교수가 되기 위하여 노력해 왔습니다."

'교수가 공부하지 않고 연구하지 않으면 어떻게 학생들 앞에 설 수가 있겠는가?'라는 교수의 참된 자세를 가르쳐 준 것이었다. Yes Kim 역시 그의 말에 적극 공감하여 학생들에게 되도록이면 많은 양의 공부를 하도록 만든다. 그러면 상당수 학생들이 스스로 한가지를 터득하게 된다. 바로 공부를 즐기는 것이다.

② 반기문 유엔 사무총장

Yes Kim은 학생들이 사명을 갖고 시대와 민족 앞에 쓰임 받는 인물이 되길 원한다. 그가 이렇게 생각하게 된 것에는 고등학교 시절부터 그의 롤 모델이 되어온 반기문 유엔 사무총장의 영향이 크다.

"꼭 공부만 열심히 해야 훌륭한 사람이 되는 것은 아니다. 전 세계를 순방하다보면 아프리카 오지에서 현지인들과 똑같이 생활을 하면서 봉사활동을 하는 대학생들을 만난다. 그때마다 큰 감동을 받는다. 세계를 넓게 보고 사물을 창조적으로 바라보면 할 일이 많고 인류를 위해 기여할 수 있을 것이다."
반기문 사무총장이 2011년 8월 그의 모교인 충주고등학교 방문

때 특강에서 한 말이다.

글로벌 리더가 된 반기문 총장이 인천대 강당에서 청소년을 상대로 한 특강의 핵심을 되새겨 보고자 한다.

첫째, creative thinking

반 총장님은 창의력 즉 발상의 전환을 강조하셨다. 사물을 다른 각도에서 새롭게 볼 때 생각의 발전이 일어난다는 것이다. "상식의 벽을 뛰어넘고, 상상의 나래를 펼쳐라."고 말씀하시면서 과학자들이 동화를 읽고 상상력을 키웠다고 말씀하셨다.

둘째, passion

가슴에 대의와 비전을 품고 열정을 가지고 추진하라고 하셨다. 이때 passion과 compassion의 관계를 말씀하시면서 더 나아가 소통과 상호의존의 중요성을 깨닫게 되었다. 다시 한 번 이 세상이 더 살기 좋은 세상으로 바뀌나가는 노력을 강조하셨다.

셋째, critical mind

비판적인 사고를 갖고 현실에 맞지 않는 부분을 시정해나가고 발전시켜야 하는 필요성을 말씀하셨다. 아랍의 봄이 일어나는 지금 자유화, 민주화 시대에 살고 있는 우리의 모습을 당연한 것이 아니라 다르게 바라보고, 지금의 우리사회가 발전하기까지 노력해주신 분들께 다시금 감사를 드리고 싶다고 하셨다.

이외에도 꿈을 성취한 많은 글로벌리더들을 찾아 볼 수 있다. 아시아인 최초의 세계은행 총재가 된 김용 총재가 그 예다. 그는 하버드 의과대학 교수, 아이비리그 대학 총장, 세계은행 총재 등 화려한 경력의 소유자이자 가난한 사람들을 위해 싸워온 박애주의자였다. 그의 삶 이야기는 목표를 가진 꿈에서 출발한다. 전 세계에서 가난을, 그리고 가난으로 인한 질병을 없애겠다고 평생 동안 불가능해 보이는 꿈을 좇아온 그는 이제 혼자가 아니다. 가난을 끝내기 위해 인류가 세운 최초의 세계은행을 이끌고 있다.

또한, 현재 전 세계 320개 회사와 75만 명의 회원사를 두고 있는 세계무역센터WTCA에서는 이희돈 박사David Lee가 부총재로 일하고 있다. 그는 스페인 마드리드 국립대학교에서 경제학 박사, 미국서부 주립대학교와 캘리포니아 주립대학에서 법학 및 경제학을 전공하고, 캘리포니아 주립대학원과 영국 옥스퍼드대학교에서 교수를 역임했다.

'꿈이 분명하면 꿈에 다가서는 길이다.'
〈어린 시절, 반기문 유엔사무총장의 꿈〉

반기문 사무총장은 초등학교 시절에 변영태 전 외교부 장관의 강연에 감동을 받아 '나라를 위해 일하는 사람이 되겠다'는 꿈을 꾸고 가치 있는 삶을 선택했다. 그 후 반 총장은 막연하게 꿈에 머물지 않고, 고등학교 시절 김성태 선생님의 조언에 따라, 그 꿈을 우리나라를 빛낼 수 있는 외교관이 되겠다는 비전으로 구체화시켰다. 김성태 선생님은 그에게 "반기문, 너는 영어도 잘하고 성격도 원만하고 남을 잘 배려하니까 외교관이 되라"고 말씀하셨다.

무엇보다도 반기문 총장은 미국의 VISTA Visit of International Students To America 프로그램을 통한 케네디 대통령과의 만남이 결정적인 계기가 되어 우리나라를 세계에 알리는 외교관으로 비전을 굳건히 하고 이를 실현하고자 했다.

다음은 Yes Kim의 강의 노트에 표현된 반기문 총장의 성공방정식이다. 그의 성공방정식은 "꿈을 꾸고 준비하였다가 기회가 오면 주저하지 말고 믿음과 열정으로 도전하라. 그리고 인내와 끈기로 포기하지 말고 앞으로 나아가라. 장애물을 만나면 스스럼없이 멘토의 조언을 구하고 도움을 받아라. 그리하면 꿈은 이루어진다!"이다. 이를 수식처럼 표현하면 〈비전×(±)태도(습관)와 멘토링=(±)성취(성공)도〉가 된다. 비전의 정교성에 태도와 멘토링을 곱하면 성취도가 결정된다.

모든 도전적 삶에는 반드시 그것을 막는 장애물이 있다. 그래서 넘어지기도 쉬우므로 자신에 대한 강한 믿음과 긍정적 태도 및 열정이 필요하다. 기적은 믿음과 긍정에서 싹이 트고 열정에서 자란다. 강한 믿음을 갖고 비전과 계획달성에 도전해야 된다. 반기문 사무총장은 뚜렷한 비전과 강한 자신감을 가지고 부단히 노력하여 서울대에 합격하고 외무고시는 물론, 마침내 UN 사무총장까지 도전하여 승리를 얻었다. 마지막으로 그는 실천하는 삶을 살았다. 삶은 생각의 산물이 아니라 실행의 결과물이다. 우리의 삶을 보면 실행해서 실패한 경험보다, 실행에 옮기지 못한 것 때문에 더욱 후회하는 경우가 많다. 반기문 사무총장의 성공습관에서 실행목록은 다음과 같다.

① 작은 약속도 크게 지킨다. 작은 선약도 소중히 여겨 한번 한 약속에는 대가를 치르더라도 꼭 지킨다는 확고한 신념을 사수한다.

② 나보다 남을 먼저 생각하는 낮은 자세를 실천한다. 상사나 동료, 부하직원과의 업무수행에서도 공은 상사와 부하에게, 책임은 내가 먼저 지기를 실천한다.

③ 공적인 일과 사적인 일은 서로 차이를 두고, 다소 불편을 감내하고라도 비용지출, 시간사용, 업무추진 등에서 '공과 사'를 철저히 구분한다.

④ 잠시의 자투리 시간도 허비하지 않으며 배우는 즐거움을 누린다. 학창시절에는 물론, 졸업 후에도 업무관련 지식 함양, 외국어 학습 등 짧은 시간적 여유도 때와 장소를 가

리지 않고 즐겁게 공부한다.

⑤ 유머감각으로 분위기를 띄운다. 하이 컨셉High Concept 시
대의 지도자에게는 선택이 아니라 필수인 유머감각을 기
르기 위해 부단히 애써서, 다른 사람의 마음을 여는 열쇠
를 만든다.

⑥ 자기관리에 온 가족이 총체적으로 힘을 기울인다. 자녀의
군 생활, 취직, 결혼 등 관혼상제, 선물 주고받기 등 여러
분야에서 가족이 힘을 합하여 윤리, 도덕 등 품위 지키기
에 솔선한다.

⑦ 지치지 않고 즐기며 일할 수 있는 강인한 체력을 갖는다.
시간과 장소를 초월해 일해야 하는 국제외교관의 업무특
성상 남다른 체력 유지가 필수적이다. 건강상의 이유로
업무를 소홀히 하는 경우가 없도록 강인한 체력으로 무장
한다.

⑧ 주변으로부터 함께 일해보고 싶은 매력적인 사람이 된다.

실제로 그분의 균형과 조화, 겸손 등의 풍성한 인품은 주변인들
로부터 함께 일하고 싶은 분으로 평가받고 있다.

NOTE

Yes Kim에 대하여

후배의 증언

동료의 증언

나이는 숫자에 불과하다

1. 후배의 증언

삶을 배움으로

　나의 멘토 김의식 교수님은 직장 선배이면서 직속 상사로 함께 근무하기도 하였으며, 은행을 떠나신지 10여 년이 되었지만 예나 지금이나 다름없이 저를 이끌어주시는 스승이자 힘이 되어 주시는 조언자이고, 제 인생의 나침반이 되시는 롤 모델입니다. 옛말에 '스승의 그림자도 밟지 마라' 하였거늘 김의식 교수님이 걸어오신 인생 여정을 조명한다는 것 자체가 감히 무례하지 않을까 하는 생각이 들 정도로 그에게서 느껴지는 포스는 감탄을 넘어선 경외심이 듭니다. 저로서는 이런 소개 글을 쓰는 영광을 기쁨으로 삼아 다시 한 번 나를 추스르는 기회가 되고 있음을 새삼 고백합니다.

　김의식 교수님은 희망을 노래하는 분입니다. 늘 넉넉하고 큰 마음에서 용솟음치는 좋은 생각으로 미래를 꿈꾸고, 그 꿈을 이루기 위해 불철주야 고뇌하십니다. 그렇게 끊임없는 호기심과 학문에 대한 넘치는 욕심이 도전으로 이어지고, 7전8기의 노력으로 실천하는 삶이 열정과 결합되어 내공이 쌓이더니 번번이 '성공'이라는 키워드를 보여 주셨습니다.

그는 쉼표 없는 자기 성찰로 연마하면서 내재된 '긍정의 힘'을 퍼 올리시는 분으로 그 근간은 더 높은 목표를 추구하는 '끈질긴 집념'과 '몰입'이라 할 수 있습니다. 안정적인 직장으로 회자되는 은행원으로 사회에 첫 발을 내딛으면서도 현실에 안주하지 않고 30년간 뚝심으로 묵묵히 자신에게 씨를 뿌리고 물을 주고 비료를 주면서 내실을 다졌는데, 마치 척박한 대지를 옥토로 만들기 위해 낮은 자세로 터전을 일구는 농부처럼 주경야독으로 대학원을 졸업하여 석사학위 2개에 박사학위까지 받았습니다. 가히 대한민국을 대표하는 '의지의 한국인'이라 할 수 있습니다.

김의식 교수님을 대변하는 '준비된 리더'라는 수식어는 이처럼 끊임없는 자기계발의 노력으로 구축된 것입니다. 이론의 깊이와 다방면에 걸친 실무경험을 겸비하여 완벽하게 무장된 결과이기에 그대로 닮고 싶어지는 워너비이기도 합니다. 이렇듯 저에게는 부러움의 대상이며, 누구에게나 존경받는 '진정한 리더'임을 부인할 수 없습니다. 김 교수님의 철저한 자기관리의 배경에는 겸손하면서 우직한 인성도 크게 작용하였다고 생각합니다.

그가 이룬 '형설의 공'이 이력과 경력에 고스란히 묻어나듯, 그의 열정은 자신에게 국한되지 않고 후배교육으로 이어졌습니다. 은행에서 연수원 교수로서 직원들 마음에 불을 지피는 것은 물론 이미 20여 년 전부터 금융환경 변화를 예측하여 기업체 강연·저서·논문 외 각종 언론매체를 통해 국제화에 대비한 경영혁신의 바람을 일으켰습니다. 그가 타고난 달변가가 아님에도 학생들이 그의 강의에 열광하는 것은 진심 때문입니다. 툭툭 던져주는 화두가 그의 진심으로 만들어진 것이기에 사람의 마음을 움직여 변화시키고 가슴 뭉클하게 만들어 줍니다. 이는 인간애에 대한 진솔함이 그의 인생에서 배어나오기 때문에 가능한 것입니다.

또한 깨어있는 그의 맑은 영혼의 울림은 '더불어 사는 삶'을 실천하고 있습니다. 반짝이는 눈으로 항상 주변 사람들을 챙기면서 소중한 인연을 지속적으로 키워가는 인간적인 면모, 그의 시선詩選『민들레 뿌리되어』에서 절절하게 느껴지는 효심, 후배들에게 자신의 지식과 경험을 아낌없이 나눠주면서 '준비하는 삶'을 전수하고, 불혹의 나이에 심혈을 기울여 탐구한 '사회복지학' '상담심리학' '교육학' '경영학' '국어 국문학' 등… 일련의 모습들이 그가 얼마나 '사람을 소중히' 여기는 인본주의에 심취하여 순박하리만큼 순수한 내면의 소리에 귀 기울이고 있는지 말해주고 있습니다.

그는 농촌에서 태어나 산천초목을 벗 삼아 호연지기浩然之氣를 키워왔습니다. 그 안에서 자연 사랑이 인간 사랑으로 이어지고 다시 하나님의 큰 사랑으로 덧입혀져서, 모든 것을 우산처럼 포용하시는 분입니다. 얼핏 보면 투박하지만 온라인 오프라인을 아우르면서 젊은이들과 친숙하게 소통하는 섬세하고 예리한 현실 감각은 흡사 쉰 세대이기를 거부하면서 신세대적 사고와 문화에 녹아들어 녹슬지 않는 세련된 도시인의 모습입니다. 그가 세상과 교감하는 채널에서 이름 대신 사용하는 HuvacHuman Value Creator', '1004천사', 'Yes Kim'에서 우러나는 느낌 그대로 그는 긍정적이고 적극적이며, 누구를 험담하거나 미워할 줄도 모르고, 오로지 '더불어 잘 사는 길' '잘 될 수 있는 방법'을 모색하면서 끊임없는 노력을 하십니다.

제가 대학 졸업을 앞두고 사회진출을 고민하던 시절, 화이트 칼라를 대표하는 은행원이 되고 싶어 도서관에 파묻혀 공채시험을 준비하던 때가 지금도 생생한데 벌써 강산이 몇 번 변할 만큼의 세월이 흘렀으니 격세지감隔世之感을 느끼게 됩니다. 흘러간 세월을 떠올리면 김의식 교수님을 은행에서 부장으로 모시고 있을 때 퇴임식 하던 날이 생각납니다. 은퇴를 하시는 것이 못내 아쉬워 사무실에서 현수막을 걸고 선물증정, 케이크 커팅, 송사, 답사 등등 전 직원이 모인 가운데 나름대로 모양을 갖춘 퇴임식을 했습니다. 그렇게 서운한 마음을 달랬을 때가 엊그제 같은데, 벌써 제가 어느새 상무대우로서 직장에서 최고참 선배가 되었습니다. 제가 가끔씩 대학에 출강하여 사회진출을 앞둔 대학생들에게 '글로벌 시대를 준비하는 자세'에 대해 생각을 피력하곤 하는데, 김의식 교수님께서 후배를 아끼는 마음으로 마련해 주시는 배려이기에 이 자리를 빌려 무한한 감사의 마음을 전합니다.

김의식 교수님은 남들보다 세상을 길게 그리고 멀리 내다보는 거시안적인 안목을 가진 분입니다. 10년 전 '사오정' '오륙도'라는 말이 유행처럼 퍼질 무렵, 하늘의 이치를 안다는 지천명知天命을 훌쩍 넘긴 나이에도 아랑곳하지 않고 꿋꿋하게 인생 2모작을 새로 개척하고 계셨습니다. 깊이 있는 이론과 현장에서 체득한 경험을 대학 강단에서 쏟아 붓고, 기업체 강연, 사외이사, 생산성학회 상임이사, 창업학회 상임이사, 한국 기업경영학회 상임이사 등 여러 기관에서 맹활약을 하셨습니다.

그 바쁜 와중에도 틈틈이 집필 활동을 하여 청소년에게 전하는 파워멘토링 『세계를 가슴에 품어라』 외 10여 권의 서적과 시집을 내놓으셨으니 그는 지금도 여전히 마르지 않는 지적 샘물의 소유자시며, 활화산 같은 심정을 가지신 선배입니다.

이제 이순耳順도 넘기고 편히 쉬면서 안주할 나이에, 남들이 부러워할 만큼의 학문적 풍요의 결실을 뒤로 하고, 그는 다시금 귀를 열고 아름다운 인생 3모작을 시작하려 하십니다. 김의식 교수님은 청소년 시절부터 한국이 낳은 세계적인 지도자 반기문 유엔사무총장님을 존경하고 그리워하고 섬기면서 평생 인생의 멘토로 모시고 그 분과의 긴 인연을 소중하게 이어오셨습니다.

그렇게 반 총장님을 닮고 싶은 열망으로 그 분께서 이룬 훌륭한 업적과 위대함을 글로, 만화로 집대성하여 온 천하의 남녀노소에게 전파하고 계신 만큼, 김의식 교수님의 삶도 언제나 감사와 기도와 사랑으로 순화되어 인생 3모작뿐 아니라 인생 4모작, 5모작까지도 소망하시는 대로 멋진 성공을 이룰 것이라고 확신합니다.

2011년 가을날에, SC제일은행 상무대우 이애리

이애리 상무는 SC제일은행시절 김 교수를 직장상사로 만난 직장 후배이자, (4개 팀 전 부서 직원의 공식 퇴임식은 처음으로 열린)부장퇴임식에 꽃다발을 대표로 선사한 장본인이기도 하다.

김 교수의 열정을 이어받아 열심히 노력한 결과, 금융기관 최초의 상무대우 여성 지점장이 되었다. 김 교수가 수업시간에도 몇 차례 재능기부 차원으로 학생들에게 특강을 하였는데, 이것이 계기가 되어 학생들의 금융기관 취업상담도 오랫동안 해주었다. 명예

퇴직 이후에도 실력을 인정받아 한국 소비자원 금융전문상담역으로 스카우트되어 은행에서 익힌 전문지식을 널리 활용하여 금융소비자 피해구제를 위해 활약하는 등 각광을 받고 있다.

2. 동료의 증언

식을 줄 모르는 뜨거운 가슴을 전파시키는 롤 모델

은행원이었던 김의식 교수의 지치지 않는 열정을 옆에서 보는 것은 저에게 매우 유익한 일이었습니다. 은행원으로서 주경야독하며 대학원에서 석사 두 개 그리고 박사학위까지 받으며 교수가 되고, 교회 장로님이 되는 과정을 지켜보았습니다. 저도 김의식 교수를 따라 입학하여 2003년에 박사과정을 수료하였습니다.

김의식 교수의 책 본문에서 5라는 숫자 두 개의 만남에 대하여 설명해 주었습니다. 어떤 사람을 만나느냐에 따라 그 사람의 일생은 크게 달라진다고 합니다. 은행원이었던 제가 제일은행원 김의식 대리를 만난 것이 약 30여 년 전 고려대학교 경영대학원 석사과정에서 공부할 때였습니다. 평범한 은행원이었던 저에게 우이동에 있는 제일은행 연수원에서 제일은행 초급간부들에게 강의를 부탁하셨습니다. 그리고 여러 번 망설이는 저에게 용기를 주며 강의하도록 강권하였습니다. 강의하는 날 아침 아내를 의자에 앉게 하고 알아듣지 못하는 아내에게 강의를 연습하였는데, 첫 강의하는 제가 너무나도 부족하다는 것을 깨달았습니다. 그러나 그것이 계기가 되어 지난 30여 년간 저는 꾸준히 IB 강의를 하게 되었습니다.

김의식 교수가 석사 논문을 준비할 때, 외화파생상품에 대해 설명을 해 달라고 한 적이 있었습니다. 그때 잘 알지 못하는 부분이라 따로 공부를 해서 설명하게 되었습니다. 이것이 계기가 되어 지난 30여 년간 외화파생상품을 전문적으로 취급하는 파생상품 Salesman이 됐습니다. 그 후로 Global IB를 30여 년 다니다가 국내에 돌아와 아직도 리딩 증권에서 월급 받으며 일하고 있습니다.

그리고 어느 일요일 날 김의식 교수께서 명성교회로 놀러 오라는 말만 믿고 한 시간 예배드린 것이 계기가 되어 20여 년쯤 지나 크리스천이 되었고, 홍콩에서 목사님의 도우미가 되어 작은 교회를 개척하는 축복의 기회 또한 얻을 수 있었습니다.

30여 년 전 제일은행 초급 간부시절 만났던 김의식 교수의 영향으로 삶에 큰 변화를 갖게 된 것입니다. 지금까지도 김의식 교수에게 늘 감사한 마음을 갖고 있습니다.

　신동기 부사장은 김 교수의 고려대 경영대학원 석사과정의 선배로서 김 교수에게 선진금융기법을 전수해 주었을 뿐 아니라 일찍이 마케팅과 서비스에 눈을 뜨게 한 장본인이기도 하다. 그는 글로벌 기업에 근무하면서 아침에 회사가 구조조정 당하면, 오후에 스카우트되어 가는 국제 금융시장에서도 역량을 인정받아 정평이 있는 인물이다. 김의식 교수의 수업시간에는 재능기부로 학생들에게 특강을 해주어 학생들에게 시야를 넓혀 주는 매우 유익한 시간을 가졌었다.(신동기 부사장은 BTC은행, 도이취 은행, 노무라 증권 등 최근 10년간 홍콩을 포함하여 총 30년간 글로벌 투자은행에서의 경험으로 지금은 리딩투자증권과 W 저축은행의 투자회사인 IWL 파트너스 부사장으로 근무하고 있다.)

3. 나이는 숫자에 불과하다

'나이는 숫자에 불과하다.'라는 말이 있다. 그리고 이와 관련된 예는 쉽게 찾아 볼 수 있다.

2011년 블룸버그 조사 결과 스탠더드앤드푸어스 S&P 500지수에 포함된 기업 임원 중 약 15%가 69세 이상 고령이었다. 캐플린은 그 가운데 최고령으로 밝혀졌다. 캐플린 이외에도 버크셔 해서웨이의 최고경영자인 워런 버핏(82)과 찰스 멍거 부회장(89) 등이 미국 내 고령 임원에 속한다. KFC 창업자 할랜드 데이비드 샌더스는 65세에 파산했지만, 재기에 성공해 전 세계적인 치킨 체인 사업을 성공했다. 이들처럼 그도 '나이는 숫자에 불과하다'라는 말을 떠오르게 만드는 삶을 살고 있다.

김 교수는 2001년 말 젊음을 자랑하며 청춘을 보낸 28년간의 금융기관 생활에서 명예퇴직을 맞았다. 그러나 꿈이 있는 자에겐 절망이란 말은 허용되지 않았다. 명예퇴직 후 인천의 모 대학교에서 강의를 하게 됐기 때문이다. 퇴직 후 늦은 나이임에도 불구하고 다시 출발하는 인생 이모작의 첫출발이었기에 더욱 기뻤다. 그러나 기쁨도 잠시 집에서 학교까지 출퇴근이 문제였다. 승용차로 가면 1시간이지만, 대중교통으로는 엄청난 시간이 소요됐다.

사실 대학에 강의하러 오갈 때면 그는 학생들이나 주변의 시선 때문에, 무거운 가방을 메고 지하철, 전철을 이용하는 것이 창피하다는 생각이 들기도 했다. 학교에서도 개인연구실이 없어 강의 준비할 수 있는 공간이 마땅히 없었다. 그러나 그는 전철이용 출퇴근 시간을 강의 준비와 체력단련의 기회로 삼았다. 집을 나서서 처음 만나는 지하철역은 5호선 강동구 굽은다리역이다. 다음은 1호선 신길역에서 환승하여 동인천 급행전철로 갈아타고 주안역까지, 주안역에서 다시 환승하여 제물포역까지 왕복 4시간 반이나 걸린다. 하지만 8년을 출퇴근하는 동안 지하철은 그에게 아주 소중한 교통수단이 되었고, 승차, 환승, 하차하는 거리는 걷기 등으로 그의 건강을 지켜 주었다. 지하철 이용은 걷기 운동에 좋은 수단이다. 에스컬레이터가 있어도 가급적 계단으로 걸으려고 노력하였다. 따로 운동할 필요가 없어 지하철 이용 8년 동안 병원신세를 진적이 한번도 없었다.

그에게 있어 달리는 전철 안은 참 소중한 공간이다. 강의구상도 하고, 내용도 정리하며 때로는 중요 주제에 대해서 준비하는 등 강의를 준비하는 시간으로 그곳을 활용해왔다. 특히, 지하철은 미리 정해진 시간에 운행하기 때문에 강의시간을 맞추는데 안성맞춤이었다. 자가용을 이용하면 장거리운행의 경우 예기치 못한 도로상황으로 인해 시간관리가 어렵다. 하지만 지하철을 이용하여 철저한 강의준비와 강의시간을 잘 지키니 자연히 강의평가에서 우수한 평가를 받게 되었다. 피로할 때는 마음껏 휴식을 취할 수 있고, 수많은 사람들이 오르고, 내리는 모습을 보면서 때론 같은 공간에서 함께 호흡하고 있다는 사실에 감사를 느끼기도 한다. 지하철을 기다리는 잠깐 동안 역 내에 걸려있는 액자를 볼 때가 있다. 그 속에는 짧지만 깊은 인생철학이 담겨 있어 그는 더 마음이 간다.

그의 짤막한 인생 에세이

둔탁한 점토에서 아름다운 도자기가 되다

삶은 누구에게나 고난의 연속이라는 말이 있다. 그의 삶은 고난을 넘어 치열한 전쟁과 비슷했다. 그러나 그는 열악한 환경을 성실한 노력으로 극복하였으며, 삶의 목표를 달성하기 위해 밤낮으로 뛰어왔다. 그렇기에 이러한 고난의 삶이 그에게는 꿈을 이루는데 진정 도움이 될 수 있었다. 그는 자신의 삶을 점토가 찬란한 도자기로 변하는 과정에 비유하곤 한다. 사랑하는 젊은이들을 생각하며, 또한 그들에게 도움이 되기를 간절히 기대하며 그는 자신의 삶을 조용히 다음과 같이 회상하고 있다.

삶을 뒤돌아보니(도자기가 되는 과정)

사람은 누구나 점토가 도자기가 되듯 짓밟히고, 물에 휩쓸리며, 때로는 무수히 얻어맞고, 정신없이 휘돌려지며, 마지막으로 1500도가 가까운 열을 통과해야 그렇게 맑고 밝은 빛을 내는 도자기가 되고, 둔탁한 흙덩이 소리가 청아한 고급악기 소리를 내게 된다.

도자기가 되어가는 과정은 정말 길고도 어렵다. 처음에는 수비水飛라는 작업을 거친다. 이는 점토나 사토 같은 흙을 곱게 분쇄한 후 불순물을 체에 걸러 제거하고 물속에 침전시켜 미세한 앙금만 채취하는 것이다. 이것을 일정기간 그늘에서 말린 후 수비된 흙을 충분히 반죽하는 과정을 거쳐 도자기의 그릇모형을 만들고, 충분히 말린 후 초벌구이를 한다. 일반적으로 800~900℃에서 15~25시간 불을 땐 후 '시유'라 하여 초벌구이 한 기물에 유약을 바르는 작업이 끝나면 마지막으로 재벌구이를 한다.

나의 일생 또한 도자기가 탄생하는 과정처럼 긴 어려움의 연속이었다.

처음 인천 검단지점의 초임지점장으로 발령받았을 때의 일이다. 나는 초임한 기쁨도 잠시, 대형점포의 실적을 유지하기란 여간 힘든 일이 아니었다. 그것도 IMF직격탄을 맞은 제일은행이 부실금융기관이라는 낙인이 찍혀 거액 예금이 일시에 빠져가는 바람에 영업실적이 반으로 줄어들었다. 나는 '이럴 때일수록 지역사회와 함께 하는 향토은행의 면모를 보여주자'고 결심했다. 지점장이 된 후 1여 년 만에 영업규모 은행서열 350등, 점포에서 50등 이내의 점포로 올라섰다.

당시 1996년 11월 30일자 조선일보 '파워 영업점장'란에 실린 기사의 일부다.

「삶에서 고통 받고 있는 많은 사람들에게 용기와 희망과 삶의 도전이 될 수 있기에 내 자신을 소개한다. 한때는 나에게도 희망찬 인생의 봄이 있었다. 그때는 장래에 대한 기대감보다는 불안감이 더 많았다. 하지만 자연은 늘 나에게 이렇게 속삭여 주었다. '자연의 섭리를 배우라.'고.

자연은 봄이면 돋아나는 새싹들, 여름이면 천둥번개와 온갖 비바람을 이겨내며 검푸르고 싱싱한 여름가지를, 가을이면 시련을 이겨낸 크기만큼 알알이 결실을 가져다준다. 꿈을 가지기만 하면 그에게도 자연의 섭리만큼 그 꿈을 이룰 계절이 오리라 믿고 살았다.」

강한 자만이 살아남는다(진인사대천명盡人事待天命)

내가 처음 발령받았던 인천검단지점은 행정구역상으로는 인천이지만 눈 오는 겨울이면 서울에서 출근시간이 3시간 넘게 걸리는 변두리였다. 직원들의 대부분이 서울이나 인천시내에서 출퇴근할 뿐 아니라, 직선 노선이 없어 차를 몇 번씩 갈아타야 했다. 퇴근길은 외등도 없는 캄캄한 논밭사이 오솔길을 한참이나 지나야 했다. 그렇지만 우리 직원들은 환경을 탓하지 않고 주어진 임무에 충실히 임했다.

대외 활동을 하다가 논두렁에 빠져 구른 박환철 과장, 자녀 교육 문제를 뒤로 하고 제 시각에 은행을 열고자 검단으로 이사를 온 김석희 대리, 퇴근시간 후에도 고객 상담을 해준 이동희 대리 등 지점장인 나의 기대에 과분할 정도로 적극적이었다. 신용운 청원경찰과 김영민 운전기사도 가족들까지 동원하여 적극적으로 신종예금상품과 BC카드 회원유치에 나서주었다.

당시 검단지역은 5천여 세대, 3만여 주민에 불과했다. 이렇게 작은 지역에서 은행의 예금유치경쟁은 치열할 수밖에 없었다. 지점장으로 부임한지 한 달이 채 되지 않았을 때, H통신직원 개인연금 유치전에서 지역본부 소속 40개 영업점의 총 실적 1/4를 우리 지점에서 유치했다. 그렇다고 직원 수가 많거나 여건이 좋아서 이런 실적을 올린 것이 아니었다. 1,2층으로 나뉘어져 효율성이 떨어지는 영업장과 12명의 직원이 전부였지만, 열악한 상황에서도 지점장을 믿고 잘 따라와 준 직원들의 노력으로 이뤄낸 쾌거였다.

그때 마침 조선일보에 '파워 점장, 불황을 깨는 영업전선'이란 제목으로 우리 지점의 영업실적이 보도되었다. 「제일은행 검단지점장 김의식씨가 부임한지 두 달 만에 '비과세저축신탁' 유치에서 전국 7위를 했다」는 것과, 「문화행사를 열어 고객을 흡수했고, 입행 후 받은 고객명함은 모두 보관한다」는 내용의 5단짜리 기사가 굵은 제목과 함께 실렸다. 이 기사에서는 우리지점에 '독특한 영업 전략 두 가지'가 있었다고 소개해 주었다.

첫 번째는 불가능해 보이던 이론을 버젓이 현실로 만들었다는 것이고, 두 번째는 직원들에게 프로 세일즈 교육을 하여 지역 밀착형 경영을 목표로 향토 은행을 지향했기에 지역주민들의 호응을 얻은 결과라고 전했다.

이벤트로 영업의 승부를 건다

점포확장이 끝나고 점포이전 행사를 할 때 근처의 예식장을 하루 빌려 주민 400명을 초청하는 행사를 개최했다. 이 행사에는 주차 안내, 고객 접견 등 수십 명이나 필요했지만, 직원은 모두 12명뿐이었다. 누가 보아도 허무맹랑한 일로 보였다. 그러나 주변의 고객들과 인근 교회의 여선교회 회원 30여 명이 자발적으로 한복을 입고와 안내하는 일을 도와주었고, 결국 초청행사는 성황리에 마칠 수 있었다. 그 후로도 생활인의 재테크, 오락 및 행운권 추첨 등 지역주민을 위한 다양한 이벤트성 행사를 지속적으로 개최했다.

주민이 살아야 은행도 살고, 은행 역시 지역사회의 다양한 문화 욕구를 충족시켜주며, 지역문화를 선도하는 역할을 해야 살아남을 수 있을 거라는 생각 때문이었다. 그런 열정에 힘입어 H통신의 개인연금신탁 유치실적은 말할 것도 없고 골드신용카드 유치에도 1 위를 했다. 검단지점장으로 재임하던 1년 동안 받은 표창장의 액자 길이가 1m나 되고, 함께 근무한 직원을 비롯해서 다른 점포로 옮 긴 직원까지 개인표창을 받지 못한 직원이 없을 정도였다.

승리는 피와 땀의 값진 선물

우리나라 현대사에서 빼놓을 수 없는 일이 있다. 바로 IMF다. 1997년 11월 21일 우리나라는 대외채무를 갚지 못해 발생할 국가 부도사태를 예방하기 위해서 IMF국제통화 기금의 강력한 경제개혁 요 구들을 받아들이는 조건하에서 IMF 구제 금융을 수용한다고 발표 했다. 어쩔 수 없는 국가적 선택이었는지는 모르지만, IMF는 외국

자본가들에게 우리나라의 경제주권을 송두리째 도매금으로 넘겨
준 사건이었다. IMF는 겉으로는 한국을 지불불능사태에서 구출하
기 위해 제안된 것처럼 보인다. 하지만 국제금융의 관점에서 보면,
IMF의 구제 금융제안은 실상 국제적 은행가들의 이익을 늘리고,
대한민국의 금융자본을 외국자본의 지배에 넘겨주는 결과를 가져
왔다.

  대한민국의 경제적 주권을 앗아가 버린 이 거래로 말미암아 상당
수 재벌들이 해체되고, 수많은 중소기업들이 파산으로 내몰렸다.
그러나 이를 잘 극복한 한국경제는 세계적인 경기불황을 이겨내는
강인한 저항력을 갖게 되기도 하였다. 당시의 범국가적·범국민적
인내는 거시경제적 측면에서 한국을 파멸의 구덩이에서 건져내었
음은 물론, 세계적인 경쟁력을 가지게 만든 원천이 되었던 것이다.
  오늘날 우리나라보다 더 큰 경제적 어려움을 겪고 있는 유럽의
스페인이나 그리스 등을 보면 그 당시 우리 국민의 인내와 노력이
얼마나 소중한 것인지 새삼 느끼게 된다. 피와 땀이 없으면 그러한
기적은 결코 일어나지 못하였을 것이다. 정말 전화위복이 아닐 수
없다.

  나는 그때에도 부지런함과 끈기만이 나의 유일한 밑천이었다. 농
사, 땔감, 공부, 군대, 직장 어디에서도 마찬가지로 살아왔다. 누군
가에게는 요령 없고 미련해 보일지도 모른다. 하지만 나의 인생은

부지런함과 끈질긴 노력으로 이룬 꿈이 많다. 지금도 나는 여생을 나의 꿈을 이뤄가는 과정으로 채워가고 있다.

가난했던 어린 시절

초등학교 시절, 나는 집에서 10리 정도 떨어져 있는 초등학교에 다녔다. 멀었지만 학교까지 걸어가는 길은 즐거웠다. 고운 빛의 모래가 반짝이는 냇가도 건너고, 부엉이 울어대는 적막한 산길도 지나며 휘파람을 불면서 다녔다. 간혹 몸이 아파 학교에 갈 수 없는 날을 제외하고는 결석이나 지각을 한 번도 하지 않았다. 방과 후에는 산에 가서 땔감을 하고, 소를 몰아 풀을 먹이고, 들에 가서 밭일을 도왔다. 그게 내 일이었고, 초등학교 내내 계속했다.

하지만 나는 공부를 하고 싶었다. 너무 재미있어서 숙제가 없는 날에도 매일매일 학습할 분량을 스스로 정하여 예습, 복습을 철저히 했다. 학교에 갔다 오면 다락방에 올라가 큰 소리로 책을 읽고, 읽은 내용을 누렇고 얇은 마분지에 몽당연필로 옮겨 쓰며, 마분지가 검어져 더 이상 쓰지 못할 때까지 공부를 했다.

여름 장마철에는 홍수로 인해 동서천이 넘어 학교를 가기 힘들었다. 냇가를 건너려다 떠내려가서 익사하는 경우도 있었기 때문에 아예 학교 가기를 포기하고 집으로 돌아가는 학생들이 많았다. 하지만 나는 30리를 돌아 학교에 갔다. 그렇게 간 학교에서는 학생들이 거의 안온 상태라 선생님은 "오늘은 임시휴일로 할 테니 돌아가라"고 했다.

초등학교 5학년 때 충주로 이사를 갔다. 온 가족이 친척집에 머물렀는데, 따로 공부방이 없었다. 나는 할 수 없이 친척식구들이 잠들면 몰래 일어나 불을 켜고 공부를 했다. 그때마다 친척 할머니는 기름 닳으니 불을 끄라고 성화였다. 진晉나라의 차윤車胤이란 사람은 기름을 구할 수가 없어, 여름이면 수십 마리의 반딧불을 주머니에 담아 그 빛으로 밤새 책을 읽어 마침내 이부상서吏部尙書가 되었다. 이를 형설지공이라고 하는데, 당시의 기억을 떠올리면 한국판 형설지공螢雪之功이 따로 없다는 생각에 웃음이 난다.

강인하셨던 어머니

지금 생각해보면 어머니는 그 어려웠던 환경에도 내가 집으로 친구들을 데려오면 좋아하셨던 것 같다. 친구와 함께 공부를 할 때면 고구마도 쪄 주시고, 하얀 윤기가 흐르는 쌀밥도 해 주셨다. 친구들이 집에 오면 한 시간이라도 함께 공부하고 놀곤 했다. 그렇게 한 것이 그룹공부의 시초가 아니었나 싶다.

어려운 가정형편에도 어머니는 "사람 사는 집에는 사람의 발길이 끊이지 않는 것이 좋다."며 항상 대접하기를 좋아하셨고, 어려운 살림에 가끔 별미라도 생기면 이웃과 나누어 먹는 것을 즐거움으로 생각하셨다. 가을 농사가 끝나면 시루떡을 만들어 50호나 되

는 집에 일일이 나눠주시는 등 이웃에게 베푸는 사랑을 몸소 실천
하신 분이었다. 그때 당시 어머니로부터 몸소 겪은 것들이 은연중
에 나의 생활철학으로 자리 잡은 것인지 나 역시 사람들에게 받는
것보다 베푸는 것이 더 좋다. 그래서 주변 이웃은 물론 나와 관계
되는 많은 사람들에게 정성과 최선을 다하고자 노력한다. 누군가
에게 행동으로 나눔을 실천하는 것은 무척이나 즐거운 일이다.

당신의 세월

어머니의 여든여덟 해의 세월은
자식을 바라보신 세월

평생을 사랑의 화신처럼
고단함도 이기시고 배풂과 헌신의 삶

척박한 땅에서
누에 치고 삼베길쌈
무명길쌈으로 우릴 키우셨네

누런 광목 강물에 풀어
끝없이 치대고
풀밭에 널어 말리시며

언제나 얼굴 함박꽃이 피어나네

 눈 비비고

손끝에 골무 끼면 밤도 낮같이

오뉴월 보릿고개 허리띠 졸라매고

시장기 숨긴 헛기침 소리

머얼건 죽 한 대접마시고 보리타작할 때면

가슴 가득 불은 젖이 속곳을 적신다네

…(이하 중략)

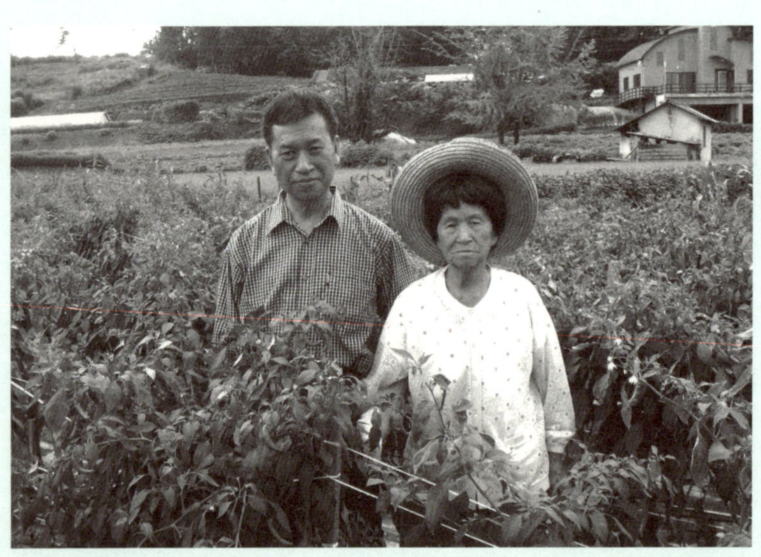

선생님의 가르침

　지금까지도 나는 나를 지도해 주신 선생님들의 얼굴과 존함을 거의 기억하고 있다. 그중에서도 두 분의 선생님이 가장 기억에 남는다. 우선 한 분은 초등학교 5학년 때의 담임이었던 정영수 선생님이다. 정영수 선생님에게 난생처음 가장 많은 종아리를 맞았기 때문이다. 지금 생각하면 그때 종아리 맞는 것은 체벌이 아니라, 자식에 대한 어버이의 따뜻한 훈계였다. 그때 맞았던 매는 보약과도 같은 것이어서 나를 바른 길로 이끌어준 좋은 지침이 되어 주었다.

　잊을 수 없는 또 한 분의 선생님은 초등학교 6학년 1반의 담임이었던 이향수 선생님이다. 그 당시만 해도 우리나라에 사범학교가 몇 곳이 없을 때였다. 충청북도에서는 청주사범학교와 충주사범학교만이 있었다. 사범병설중학교에 입학하여 본과 3년을 마치면 초등학교 선생이 될 수 있어서 사범병설중학교의 인기가 아주 좋았으며, 거기에 몇 명을 입학시키느냐가 담임의 진학지도를 평가하는 기준이 되던 때였다. 그때 내 앞 기수 선배들은 6학년 전체에서 2명만이 사범병설중학교에 합격했다. 그러나 내가 6학년 때에는 6명이 합격을 했는데 그중에 3명이 6학년 1반 친구들이었다.

　이향수 선생님은 2년에 걸쳐 5명을 사범병설중학교에 입학시키셨다. 이는 담임 선생님의 지극한 열정이 없었다면 불가능한 일이었

다. 나는 담임 선생님의 지도와 열의, 어머니의 정성 덕분에 목표
로 했던 충주사범병설중학교에 입학하게 되었다.

고대하던 중학교에 입학했지만 거리가 너무 멀었다. 걸어 다닐
수 있는 정도의 거리가 아니었다. 교통편도 마땅치 않은데다가 어
려운 가정형편에 교통비를 감당하기도 버거워 매일 통학하기가 힘
들었다. 그래서 돈을 벌기로 작정했다. 맨 처음 시작한 일이 아이
스케키 장사였다. 1학기 여름방학 동안 나는 어깨에 얼음통을 메고
'아이스케키'를 팔았다.

2학기 때는 같은 반 친구 동생의 가정교사로 들어갔다. 그러나
친구 동생이 워낙 공부를 하지 않으려고 했다. 마치 공부와는 높다
란 담벼락을 쌓아둔 것 같았다.

친구 어머니는 당연하다는 듯이 "아이가 머리는 좋은데 집중력
이 부족하다."고 말했다. 속담에도 '고슴도치도 제 새끼는 곱다'고
한다더니…

나는 부담스러워 그 집을 나왔다.

새로운 농사꾼

　사범중학교를 우수한 성적으로 마쳤다. 그러나 가정형편 때문에 결국 나는 학업을 포기하고 농사일을 해야만 했다. 마음 한 구석에는 '1년 후에는 서울로 가자. 서울에 가면 공부를 할 수 있을 것이다.'라고 막연하게나마 결심했다. 그러나 그 꿈은 쉽게 이루어지지 않았다. 그 후 3년 동안 농사일에 전념할 수밖에 없었다. 학업을 포기하고 농사일을 처음 시작할 때에는 공부하고 싶은 열망 때문에 머리가 아프고 소화도 잘 안 되어 한동안 병치레를 계속했다.

　두 달 후 학업을 포기한 홍역이 끝날 무렵에 본격적으로 논 8마지기의 농사를 시작할 수 있었다. 나는 수확을 높이기 위해 산성이 된 모래 논에 진흙을 퍼다 붓기도 하고 토양을 비옥하게 만들기 위해 퇴비도 듬뿍 주었다. 농사일은 정말 힘든 노동이었다. 가을걷이에 벼를 탈곡할 때 나는 나이가 어려서 마을 어르신들과 품앗이를 할 수 없었다. 어쩔 수 없이 혼자서 논 8마지기의 벼를 지게로 옮겨 탈곡해야 했다. 처음으로 해 보는 농사였지만 오래된 농사꾼이 지을 때보다 더 많은 수확을 올렸다.

　농번기가 끝나고 겨울이 오기 전 농한기가 되면 매일 지게를 지고 집으로부터 20여 리나 떨어진 먼 길을 땔감으로 쓸 나무를 하러 다녔다. 그때는 거의 불을 지피는데 산에서 나무를 잘라오는 땔감뿐이었다. 지게를 지고 산에서 굴러 큰 위험에 처한 적도 여러 번이었다. 그때마다 '이렇게 하면 되는데…'라는 교훈을 얻었다.

인생은 인내의 연속이다. 수양은 인내의 훈련이다. 추위나 더위나, 배고픔이나 부름에 다 참아야 된다.

우리에게 너무나 잘 알려진 오프라 윈프리. 그녀는 미국의 흑인 방송인으로 본인의 이름을 내건 '오프라 윈프리 쇼'가 명성을 얻으면서 전 세계적으로 유명해졌다. 그녀는 20세기의 가장 부자인 흑인계 미국인으로 꼽혔고, 미국의 상위 자산가들 중 첫 번째 아프리카계 미국인이며 세계에서 유일한 흑인 억만장자다. 그녀는 세계에서 가장 영향력 있는 여성으로도 불린다. 이렇게 세상을 다 가진 것 같은 그녀에게도 시련과 고통의 세월이 있었다.

윈프리는 시골인 미시시피 주에서 사생아로 태어났다. 6세 때 위스콘신 주 밀워키로 이주하여 자라온 그녀는 어린 시절 상당한 고난을 겪었다. 14살에 미혼모가 되었고 그녀의 아들이 2주 후에 사망했다. 연속적으로 고통과 시련을 겪은 그녀는 그 후 고등학생 때 라디오 프로에서 일을 얻게 됐다. 그렇게 그녀는 19살에 지역의 저녁 뉴스의 공동 뉴스캐스터를 시작했다. 그녀의 즉흥적 감정 전달 덕분에 그녀의 활동무대는 낮 시간대의 토크쇼로 옮겨졌다. 시카고의 삼류지역 토크 쇼를 최고의 자리로 끌어올리자 그녀는 자신의 제작회사를 설립했다. 친숙한 고백적 형태의 미디어 커뮤니케이션을 만들어낸 것에 신용을 얻으면서 그녀는 토크쇼 장르를 대중화시키고 큰 변화를 일으켰다. 그리고 2011년 5월 17일 마지막 방송에서 그녀는 토크쇼의 고별 방송을 했다. 당시 마지막으로 그녀가 우리에게 남긴 말은 아직도 유명하다.

'우리가 무슨 생각을 하느냐가 우리가 어떤 사람이 되는지를 결정한다.'

3년이나 늦은 늦깎이 고교 입학생

농한기에는 땔감나무하고 농번기에는 농사짓던 3년간 나는 편지 쓰는 일 외에 펜을 잡아볼 시간이 없었다. 다시 학교에 갈 수 있으리라는 꿈마저도 까맣게 잊고 있었다.

3년이 다 지나갈 무렵 고등학교 입시를 40여 일 앞두고 있을 때 뜻밖의 일이 있었다. 중학교 선생님이신 친척뻘 아저씨가 집안 친척 어른들을 일일이 찾아다니며 농사를 짓더라도 나를 고등학교까지는 시켜야 된다고 간곡히 권유한 것이다.

그때 나는 꼭 고등학교를 다녀야겠다는 결심을 하고 다시 고등학교 입시준비를 하게 되었다. 다락에 팽개쳐 둔 중학교 교과서와 친척이 보내준 최신 문제집으로 공부를 시작했다. 나는 40여 일이 남은 기간 동안 열심히 공부했고, 기적처럼 충주 고등학교에 합격했다. 그것도 신입생 240명 중에서 11등으로 합격한 것이었다.

그러나 합격의 기쁨도 잠시. 고등학교 3년 동안은 고통의 연속이었다. 그 당시 고충을 다 말할 수는 없지만 고등학교 수업을 지탱할 수 있었던 것은 이종철 선생님 덕이었다. 당시 생활지도 주임이자 독일어를 가르치셨던 이종철 선생님은 나를 틈날 때마다 교무실로 조용히 불러 "너희 선배 반기문은 열심히 공부하였지만 특히 제2선택과목 독일어를 공부하여 서울대학교 외교학과에 무난히 합격했다."라고 하시면서 "의식이 네가 가정 형편도 어렵고, 만학인 줄 내가 잘 안다. 입주과외도 소개해 줄 터이니 열심히 해라."는 격려의 말씀을 해주셨다. 나는 반기문이라는 익숙한 이름에 눈이 번쩍 뜨였다. 중학교 1학년 때, '충주의 영어신동 충주중학교 3학년 반기문!'이라는 이름을 자주 들어 온 터이라 더욱 귀를 기울이게 되었다. 어찌 그뿐인가? 영어시간이면 김성태 선생님께서 반기문 선배의 이야기를 자주 들려주셨다.

이것이 계기가 되어 나는 반기문 선배를 멘토로 삼아 반기문 선배의 라이프스타일을 배우기 위해 노력했다. 그렇게 고교시절에는 힘겨운 자취생활, 때로는 통학, 가정교사 등을 겪으며 나를 더욱 성장시켜 나갔다.

지성이면 감천, 대학생이 되다

지성이면 감천은 정성이 지극하면 하늘도 감동하게 된다는 뜻으로, 무슨 일에든 정성을 다하면 어려운 일도 순조롭게 풀리어 좋은 결과를 맺는다는 말이다.

정신없이 고등학교 3년을 보내고 꿈에도 그리던 서울에 있는 대학에 합격하여 대학생이 되었다. 당시 충주고등학교는 경희대학교와 자매결연이 되어 있었는데, 고등학교 졸업성적이 상위권에 들고 본교 입시에 합격하면 장학생으로 입학하는 특전이 주어졌다. 다행스럽게도 경희대학교 행정학과에 4년간 등록금 면제 조건으로 합격이 되었다. 꿈에도 그리던 대학생활! 그러나 서울의 대학생활은 나를 더욱 암담하게 만들었다. 등록금은 해결이 되었다지만 숙식이며, 교통비, 책값, 용돈 그 모든 것이 걱정이었다. 그렇다고 걱정만 하고 주저앉을 수는 없는 일이 아닌가?

마침 서울 제기동에 고종사촌 형님이 살고 있었다. 봇짐을 들고 형님을 찾아가 염치불구하고 사정하니 작은 방을 내주었다. 그렇게 고달픈 서울 자취생활이 시작됐다. 아르바이트로 모든 비용을 충당하려고 했지만 턱없이 부족했기 때문에 늘 힘겨웠다. 수업이 끝나면 학교 앞 회기동 로터리에서 동대문까지 그 사이에 있는 직업소개소를 뒤져 일거리를 찾았다. 신입생의 낭만은 온데간데없고, 한 학기가 끝나면 강의실 뒷좌석에 앉아 홀로 눈물을 흘리곤 했다.

2학기에는 중화동에 방을 얻어 자취를 했는데 그때 나는 인생의 커다란 전환기를 맞게 되었다. 경희대학교 특대생으로 4학년에 재학 중이던 초등학교 동기생인 동섭이를 만난 것이다. 동섭이는 나를 'Joy Mission'이라는 기독교 대학생선교 단체로 안내했다. 이를 계기로 나는 영원히 그리스도와 함께하는 크리스천이 되었다. 그때까지만 해도 토속신앙 속에 있었던 내가 성경의 진리를 깨닫고, 다음해인 1969년 초에 나는 예수님을 구주로 영접하고 크리스천이 되었다. 그때부터 세상을 보는 기준이 달라졌다. 어떤 조그마한 고통도 나에게 더 큰 의미로 다가오는 확신을 갖게 되었기 때문이다.

가난을 이웃으로 삼고 새로운 삶을 시작하다

나이가 들어 뒤늦게 공부를 시작한 만학도晩學徒였다. 학업을 계속하고 싶었다. 하지만 나라의 부름은 피할 수 없었다. 대학 1년을 마치고 1969년 5월에 입대하여 1972년 4월에 만기제대를 하고, 대학교 2학년으로 복학했다. 그러나 캠퍼스 잔디밭에서 캔 맥주를 나누어 마시면서 통기타를 둘러메고 청춘을 노래하는 대학 캠퍼스의 낭만은 나에게 존재하지 않았다. 가난 때문에 이어지는 고달픈 자취생활이 나의 발목을 잡았기 때문이다.

'나는 안 되는구나, 하고 포기하고 싶을 때가 있다. 그때 지금 그 자리에서 다시 시작하라. 세상에서 가장 큰 선물은 자기 자신에게 기회를 주는 삶이다.'

〈크리스 가드너〉

어렵게 대학을 졸업하고 나는 1975년 2월, 첫 직장인 제일은행에 입사했다. 대학교 4학년이었을 때 내 머릿속에는 '어떤 직장에서 일을 해야 가장 보람을 가질 수 있을까?'는 생각으로 가득 차 있었다. 직장을 선택하는 기준이 '비교적 안정되고 자기계발의 시간을 확보할 수 있으며 세상과 타협하지 않는 곳'이었기 때문이다.

직장을 다니면서도 직장생활을 원만히 하기 위해서는 어떠한 일이든지 문제가 생기면 초기에 그 매듭을 풀어야 한다고 다짐했다. 문제가 발생하면 더 악화되기 전에 예방차원에서 막는 것이 좋은 방법이라고 여겼다. 나는 이러한 좌우명을 '모든 일을 원망과 시비가 없이 하라(빌 2:14)'는 성경 말씀에 기초를 두고 정했다.

아름다운 시절, 불의를 거부하는 아내를 만나다

나는 미래 배우자를 위한 기도도 했다. '주님 어느 곳엔가 있을 제 운명의 그 사람을 지켜주세요. 그 사람이 하고자 하는 일이 힘겨워도 극복할 수 있는 힘을 주시고 자신의 인생을 밝고 활기차게 살아갈 수 있도록 도와주세요. 그리고 우리가 만나게 될 때 서로 자신들의 삶에 충실하고 서로를 사랑할 수 있는 마음을 가질 수 있도록 또 자신의 삶뿐 아니라 다른 사람들의 삶에도 마음으로 사랑을 베풀 수 있는 그런 사람들로서 만날 수 있도록 도와주세요. 서로 이해하고 자신보다 상대방의 마음을 먼저 헤아려주는 그런 따뜻한 마음을 가진 사람들로서 만날 수 있도록, 이렇게 서로 준비하여 만나면 이 사람이 주님께서 지켜주셨던 사람이라는 것을 느낄 수 있도록 해주세요. 그래서 두 사람 모두 노력하여 주님께서 주신 삶에 충실히 살아갈 수 있도록 도와주세요.' 이렇게 기도하며 하나님의 섭리를 믿고 배우자를 기다렸다.

그렇게 기다린 아내와는 5월에 만났다. 아내는 기독교선명회에서 영어 번역과 통역을 맡았는데 나보다 월급이 더 많았었다. 결혼하기로 약속한 후 아내는 내가 숙직하는 날이면 음식솜씨가 빼어난 처제의 손을 빌려 완두콩을 넣어 쑨 죽을 들고 왔고, 그 덕분에 나는 직장동료들로부터 부러움을 사기도 했다. 결혼식은 11월 달에 올렸다. 결혼 초에는 바쁜 일과로 매일 녹초가 되어, 항상 늦은 시간에 밥상을 물렸다. 새벽에 출근시키고 종일 기다리다가 남편과 다정하게 사랑을 나누면서 알콩달콩 신혼의 재미를 누려야 하는데 나는 설거지도 마치기 전에 곯아떨어지는 통해 늘 아내에게 미안한 마음이었다.

그녀는 현명한 사람이었다. 하루는 예비군 보충교육 통지서가 제대로 전달되지 않아, 고발당하여 벌금을 물게 된 일이 있었다. 돈으로만 해결할 생각이었던 나는 아내와 상의했지만 아내로부터 단호히 거절당했다. 아내는 "아이를 낳기 위해 병원에 입원 중일 때 예비군 통지서가 나왔으나 주인으로부터 전달받지 못했는데 고발당하면 어떻게 하느냐?"며 자초지종을 적어서 관계기관에 민원탄원서를 보냈고, 그 일은 잘 해결되었다.

일은 바쁜 사람에게 시켜야

입사 후 퇴직까지 가방 속에 책이나 서류봉투를 항상 가지고 다녔다. 일할 때 이런 일 저런 일, 이 핑계 저 핑계를 대면 아무것도 할 수가 없다. 사람들은 나에게 "자기계발의 화신이요, 대명사다!"라고 했다. 인력개발부 연수기록을 컴퓨터로 조회하면 나의 연수기록은 매우 길어 기네스북에 오르겠다는 사람도 있었다. 나는 그렇게 은행원으로 3년을 충실히 보낸 후 명동지점 외환 반에서 근무했다. 당시 자주 연체하기로 소문난 3곳의 거래처 때문에 밤 12시를 넘겨 퇴근하기 일쑤였다.

한때 융통성 없이 공부하여 은행 대리 승진의 기초가 되는 보통고시에 불합격하여 동기생보다 승진이 1년 늦어지기도 했지만, 그 후 좌절하지 않고 재기해서 다음 해에 대리로 승진했다. 비록 짧은 기간이었지만 인생 공부를 많이 한 계기가 되었다.

그러던 중 은행으로부터 학자금지원을 받아 고려대학교 경영대학원 석사과정을 졸업할 수 있었다. 또 대리 승진 1년 만에 외국어 자격시험에 합격하여 해외연수를 다녀오게 됐다. 그 후 검사부, 국제영업부, 인력개발부, 외환업무 실을 거쳐 답십리지점 차장으로 승승장구하였다. 그러나 답십리지점 차장시절 1년 반 동안은 일에 파묻혀 살다보니 세상 돌아가는 일은 전혀 알 수가 없었다. 결혼기념일도, 아내의 생일도 잊어버리고 살았지만 아내는 조금도 불평하지 않았다.

하루 24시간, 아니 하루 25시간이라 해도 나는 온통 고객 생각뿐이었다. 고객을 만나는 것 자체가 너무나 즐거웠고, 모든 사람이 은행의 통장으로 보일 정도로 은행 일에만 몰두했다. 그러한 세일즈 방법이 차츰차츰 소문으로 퍼지게 되었고, 나는 은행에서 연수원 금융마케팅스킬을 강의하는 교수로 초빙되었다.

항상 새로운 접근

은행에는 아이디어 모집이나 업무제안, 표어모집, 현상논문공모

등의 기회가 종종 주어진다. 나는 그 어떤 바늘구멍만한 기회만 보여도 적극적으로 동참했다. 1%의 가능성만 있어도 100%라고 생각했기 때문이다. 그렇게 도전해서인지 검사부에서 일할 때나 인력개발부 근무, 연수원 교수로 재직할 때, 업무 개선이나 논문 현상공모 등으로 우수상을 받았고, 한국은행의 전국규모대회에서는 2등을 하기도 했다.

'어떤 기업은 원가절감으로 불황을 극복했는데 그 원가 절감의 성공 비결은 어디에 있을까? 그것은 인간의 창조적인 본능에 호소하므로, 직원이 모두 원가절감에 협력하는 의욕을 갖게 한 리더십에 있었다. 사람을 강하게 만드는 것은 사람이 하는 일이 아니라, 하고자하는 노력에 있다.'

〈어니스트 헤밍웨이〉

전공 분야의 전공서 저술

사람은 누구나 성공하기를 꿈꾸고 자기 분야에서 최고가 되기를 갈망한다. 하지만 꿈을 이루는 사람은 언제나 소수다. 대다수 사람들은 '난 왜 성공하지 못할까'라는 자괴감으로 환경 탓을 하면서 살아간다. 돈이나 명예, 권력과 상관없이 자신의 분야에서 최고가 된 사람들 모두 자신의 일을 즐기며 삶에 만족한다.

하지만 나는 또 다른 꿈을 꾸었다. 맡은 업무에 항상 최선을 다하면서 더 발전시켜 보려는 생각으로 매일 조금씩 쓰기 시작했다. 스스로의 일에서 이론적 근거를 찾아 현실에 접목시키려는 노력이었다. 처음에는 자료를 재구성하는 수준이었다. 그리고 차츰 이론을 현실에 접목하는 수준으로 발전해 나갔다. 이렇게 쓴 원고는 은행 내 경제동향지인 사보에 게재했다. 그 후 차츰차츰 범위가 확장되어 새 행원, 금융경제, 금융지 등 은행 외 금융월간지까지 실리게 되었다.

피플즈 잡지에 소개
고난을 영광으로 바꾼 7전8기의 금융인

글을 기고하려면 많은 노력이 필요하다. 또 글을 쓰기 위해서는 자신이 가지고 있는 지식 또는 지혜, 생각들을 일목요연하게 정리할 수 있는 능력이 필요하다.

나는 글을 기고하는 것에 그치지 않고 전공서를 저술하기에 이

르렀다. 그렇게 한 권의 책을 만들기 위해 퇴근 후 밤늦도록 원고를 정리하고 출근길 지하철에서 교정을 봐야 했다. 연재물일 경우에는 새로운 자료를 준비하기 위해 발로 뛰어다니며 많은 사람을 만나야 했다. 한국능률협회, 한국표준협회, 한국금융연수원 교재를 비롯하여 각종 금융마케팅 분야, 연수교재의 공동 집필을 하면서 활동 범위도 넓혀 나갔다. 섭외관련 부문 저술은 지점장 역할에 필요한 이론을 지원해 주었다. 그러한 노력을 들여 만든 책은 이론을 기반으로 실무에도 다양하게 응용해 볼 수 있는 내용으로 채워졌다.

꿈을 꾸고 꿈을 실현하는 삶

은행에 처음 입행했을 때 한 선배의 말을 나는 아직도 잊지 못하고 있다. "은행원은 도장만 갖고 다니면 된다." 즉, 9시에 출근하고 6시에 퇴근하며 그저 주어진 시간만 열심히 하면 된다는 말이었다. 하지만 나는 그 말에 동의할 수 없었다. 세상은 한없이 변화하고 그 변화에 대응할 것을 미리 준비해야만 경쟁력이 생긴다고 생각했기 때문이다.

그래서 나는 은행에 입사한 후 사설학원, 직장 내 연수, 통신교육, 외부세미나 등 자기계발에 열정을 쏟았다. 원인이 있으면 결과가 있다. 다시 말하면 결과는 원인의 결정체라는 뜻이다. 때문에 쉬지 않고 자기계발에 힘써왔다. 주위사람들에게 '김의식'하면 자기계발에 힘쓰는 사람, 창의적인 아이디어가 많은 사람, 이론과 실무를 겸비하고 노력하는 사람, 은행 업무로 표창을 많이 받은 사람, 불가능한 것도 가능하게 하려고 늘 애쓰는 사람, 일을 즐겁게 하는 사람, 제자들을 따뜻한 가슴으로 품어 주는 사람 등으로 기억되고 싶다.

가난했던 시골에서 생계를 유지하기 위해 장작을 패던 나무꾼이라 나는 아직도 부족한 점이 많다. 하지만 누구보다 열심히 했다. 경영학 박사, 은행 지점장, 본부 부장을 거쳐, 퇴직 후 인생의 2모작으로 대학의 시간 강사, 초빙교수로 변모되기까지 쉼 없이 달려왔다. 그리고 지금도 멈추지 않고 계속 달리고 있다. 직장에서, 대학 강단에서 몸소 익힌 교육프로그램을 제3세계에서 펼치고자 하는 꿈을 가지고 나는 오늘도 꾸준히 영어공부에 매진하고 있다.

나는 보여주고 싶다. '꿈을 가진 자만이 성취할 수 있고, 고통을 극복할 수 있고 삶의 의미와 행복을 찾을 수 있을 것'이라는 것을. 그리고 나는 또 삶의 모든 벗들에게 이야기하고 싶다.
꿈이 있는 한 어떤 고통이든 선불하면 어마어마한 이익을 붙여 되돌려준다는 것을. 이를 증명하기 위해 아직도 나는 전력 질주한다. 그리고 앞으로도.

인천대학교 제자들과 함께

100세를 넘길 것 같았던 어머니가 몸으로 겪은 값진 삶의 교본을 나의 두 손에 꼭 쥐어주시면서 먼저 쉬러 가셨다. 몸소 실천하며 평생 본보기가 되어 가르침을 주신 어머니를 진심으로 존경한다.

나는 강의실에서 만난 학생들이 나로 인해 느끼는 행복보다 내가 학생들 덕분에 느끼는 행복이 더 많다고 생각한다. 공사 다망하심에도 추천사를 써 주신 김삼환 목사님, 최성을 총장님, 김영길 총장님, 나석환 회장님께와 부족한 강의에도 칭찬의 글(편지와 후기 등)을 써준 학생들에게 감사하며, 특히 공진솔 학생과 그 어머니(김순희)께도 감사를 드린다. 그 학생들이 더 넓은 세상으로 나와 함께 일할 날을 기다리면서, 행복을 준 학생 모두에게 진심으로 감사하다. 천학비재한 터이라 내놓기가 너무나 부끄러워 주저하였던 나에게 용기를 주시고 친히 엮어주신 오산대 이준호 교수님, 현장 및 서구의 좋은 사례를 제공해 주신 한국직업능력개발원 위촉연구원 김수홍씨와 은행근무 시절부터 지금까지 함께해 온 (사)글로벌 녹색경영연구원 이경엽 본부장에게도 감사를 드린다.

제일은행에 재직한 28년 동안 영업 등을 가르쳐 주신 직장상사,

동료, 후배들에게 감사의 마음을 전한다. 이외에도 은행연수원에서 뿐만 아니라 산업체 강의와 대학 강단에서 티칭 기법을 전수해주신 한국 조직문화 연구소 최승훈 소장님, 각종 교육 프로그램의 노하우를 전수해주시고 이 책이 나오기까지 조언을 아끼지 않고 해주신 성과관리의 권위자 황병수 원장님, 은행 각 점포에서 영업 활동사례를 이론적으로 연구하시어 금융신지식인으로 만들어 주신 이승영 교수님, 무엇보다도 대학에서 학문의 길을 열어 주시고 박사 과정 뿐만 아니라 학위 취득 이후도 지속적인 사랑으로 대학 강단 길을 열어주신 (새)글로벌 녹색경영연구원 이사장 유세준 교수님, 인천대학교 모든 분과 나에게 강의를 할 수 있도록 기회를 주신 출강대학교 모든 분들께 깊은 감사의 마음을 전하고 싶다.

마지막으로 졸고를 책으로 낼 수 있도록 배려해주신 행복에너지 출판사 권선복 사장님과 임직원 여러분의 수고에도 고맙다는 말을 전한다.

그리고 이 모든 것 위에 나를 여기까지 인도해 주신 하나님께 마음을 가득 담아 감사드린다.

추천사

한국기업경영학회 회장 · 고려대학교 교수 박광태

그의 강의의 특징은 실천교육을 실행한다는 점입니다. 이론과 실천을 잘 조화시켜 교육한다는 것이 말은 쉬워도 결코 현실에선 쉽지 않다는 것을 누구나 잘 알고 있을 것입니다. 대학 교육에서 놓치기 쉬운 실천이 겸비된 교육을 그의 책을 통해 알 수 있을 것입니다.

㈜세이브존아이앤씨 대표이사 사장 유영길

꿈이 있는 한 어떤 고통이든 선지불하면 어마어마한 이익으로 되돌아온다는 것을 증명하기 위해 매진하는 저자의 삶은 요즘처럼 물질 만능 주의와 한탕주의가 만연한 이 사회를 살아가는 젊은이들에게 큰 귀감이 될 것이다.

동덕여대 국제경영학과 교수 이신모

박토에서 풍성한 수확을 한 농부처럼 그는 굴곡이 적지 않았던 삶에서 큰 결실을 이루었다. 이 책은 서양 요리처럼 화려한 맛을 보여주진 않지만 우리의 삶과 교육의 기본이 무엇인가를 구수한 된장찌개 보글보글 끓는 듯한 목소리로 들려준다.

문예창작과 교수 · 문학박사 이광녕

이 책은 미래 비전을 갖고 인생을 개척하려는 젊은이들에게 어둡고 음울한 현실을 밝게 비춰주는 영적 에너지의 등대이자 발전소이다. 목마른 독자들에게 생수를 공급하고 인생 개척의 훌륭한 지침서가 될 것을 확신한다.

㈜ICTech 대표이사 · ㈔글로벌녹색경영연구원 원장 최근영

고도의 학문탐구만이 존경받는 대학교육의 현장에서 '학교 캠퍼스 살리기 운동' 등 환경활동을 학생들과 함께 주도해 나가는 그의 삶이 신선하게 느껴집니다.

저자는 제자들을 진실된 사랑으로 가르쳐 주시는, 이 시대의 진정한 스승이시다. 이런 분께 가르침을 받는 제자들도 빛나는 인재들일 것이다. 책 속에서 이야기하신 그 제자들을 만나고 싶고, 추천하고 싶다.

학생들의 다름을 인정하고 특히 다문화권 학생들에 대한 멘토 사례를 통하여 창의적인 글로벌 인재로 성장할 수 있는 마음과 자세를 익힐 수 있다. 상대평가 등 자칫 이기적이기 쉬운 학습환경에서 동료들을 돕고 섬기는 자세를 배울 수 있도록 한다.

필자는 반기문 유엔사무총장님의 충주고등학교 후배로서 반 총장님을 모델로 삼아 어릴 때의 꿈인 강단에 서는 일을 실현해 왔다. 자신의 역경을 극복하고 꿈을 실천하는 지침서로서의 역할이 기대된다.

저자는 제자들의 진로에 대한 성공사례를 따뜻한 감성으로 풀어놓는다. 이 책은 많은 대학생들에게 자기의 적성을 발견케 하고 잠재능력을 키우게 하여 적합한 진로 선택에 대한 착실한 준비와 동기부여를 제공한다.

"전 세계 인구 중 0.2%, 즉 1,500만 명에 불과한 유대인들이 어떻게 노벨상의 23%을 차지했을까? 비결은 교육에 있다. 하나의 답을 가르쳐주는 것이 아니라 해답을 대화와 토론으로 찾게 하는 교육, 바로 스토리텔링이다. 이 책은 대한민국 스타일의 스토리텔링 교육을 제시한다.

'행복에너지'의 해피 대한민국 프로젝트!
〈모교 책 보내기 운동〉

대한민국의 뿌리, 대한민국의 미래 **청소년·청년**들에게 **책**을 보내주세요.

많은 학교의 도서관이 가난해지고 있습니다. 그만큼 많은 학생들의 마음 또한 가난해지고 있습니다. 학교 도서관에는 색이 바래고 찢어진 책들이 나뒹굽니다. 더럽고 먼지만 앉은 책을 과연 누가 읽고 싶어 할까요? 게임과 스마트폰에 중독된 초·중고생들. 입시의 문턱 앞에서 문제집에만 매달리는 고등학생들. 험난한 취업 준비에 책 읽을 시간조차 없는 대학생들. 아무런 꿈도 없이 정해진 길을 따라서만 가는 젊은이들이 과연 대한민국을 이끌 수 있을까요?

한 권의 책은 한 사람의 인생을 바꾸는 힘을 가지고 있습니다. 한 사람의 인생이 바뀌면 한 나라의 국운이 바뀝니다. **저희 행복에너지에서는 베스트셀러와 각종 기관에서 우수도서로 선정된 도서를 중심으로 〈모교 책 보내기 운동〉을 펼치고 있습니다.** 대한민국의 미래, 젊은이들에게 좋은 책을 보내주십시오. 독자 여러분의 자랑스러운 모교에 보내진 한 권의 책은 더 크게 성장할 대한민국의 발판이 될 것입니다.

도서출판 행복에너지를 성원해주시는 독자 여러분의 많은 관심과 참여 부탁드리겠습니다.

도서출판 행복에너지 임직원 일동

문의전화 0505-613-6133

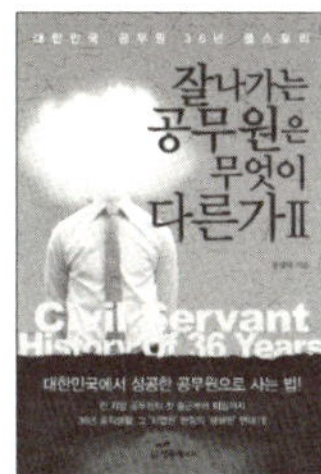

잘나가는 공무원은 무엇이 다른가 2

정상덕 지음 | 296쪽 | 값 15,000원

대한민국의 21세기 新 목민심서로 주목받는 『잘나가는 공무원 무엇이 다른가』 그 두 번째 이야기. 국민에게 봉사한다는 심정으로 평생 공직에 몸을 담아온 정상덕 전 국장의 36년 공직생활, 그 '치열한' 현장의 '생생한' 연대기.
대한민국에서 성공한 공무원으로 사는 법은 무엇인지 귀 기울여 보자.

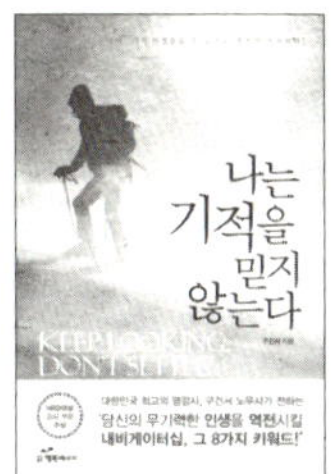

나는 기적을 믿지 않는다

구건서 지음 | 304쪽 | 값 15,000원

Keep Looking, Don't Settle!
힐링을 끝마쳤다면 지금 당장 '스탠딩' 하라! 아시아 최고의 노무사이자 대한민국 최고의 명강사 구건서가 전하는 당신의 무기력한 삶을 성공으로 이끌 Success Navigatorship, 그 8가지 키워드!
우리의 삶 매 순간이 '기적'이었음을 두 눈으로 똑똑히 목격하자.

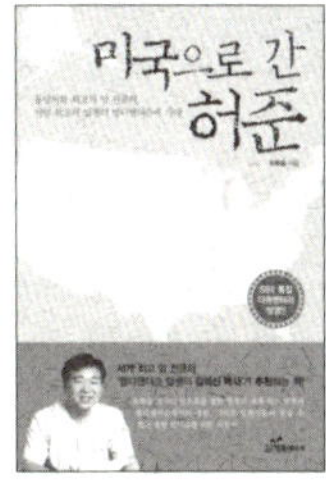

미국으로 간 허준

유화승 지음 | 304쪽 | 값 15,000원

동양의학 최고 암 전문의 유화승 교수는 '암을 정복한다'는 신념 하나만으로 서양 최고의 암센터 엠디앤더슨을 찾는다. 그가 들려주는 이야기는 이 시대, 암으로 고통 받는 모든 환자들에게 한 줄기 희망을 선사한다. 또한 희망만으로 그치는 것이 아닌, 현실로 다가오는 암 정복기가 첫 페이지에서부터 시작된다.

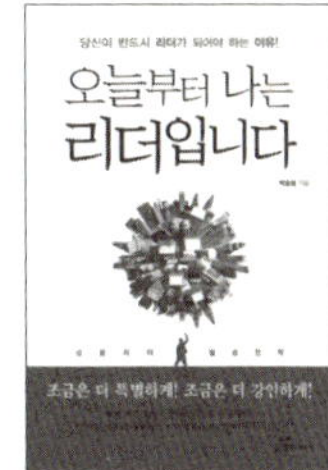

오늘부터 나는 리더입니다

박승범 지음 | 280쪽 | 값 15,000원

당신이 반드시 리더가 되어야 하는 이유!
현역 해병대원이 전하는 리더십 매니지먼트, 전략을 세우면 성공이 보이고 행동을 하면 꿈이 이루어진다. 『오늘부터 나는 리더입니다』는 리더십에 대한 기본적인 고찰과 함께, 리더가 진정으로 갖추어야 할 소양과 자질에 관한 이야기를 담고 있다. 이 책을 만나 21세기 무한경쟁시대를 주도할 리더의 길을 스스로 개척하라!

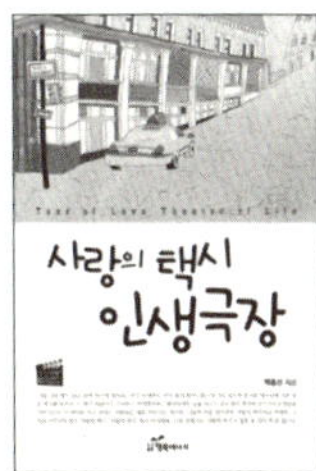

사랑의 택시 인생극장

백중선 지음 | 288쪽 | 값 15,000원

한 번만 승차하면 삶이 행복해지는 '사랑의 택시'가 있다?
어제보다 행복한 오늘을 꿈꾸는 택시기사와 손님이 함께 만드는 공감 스토리! 평범하지만 우리의 인생은 충분히 위대하다는 것. 어제보다 조금 더 행복한 오늘을 살고 싶은 독자라면 『사랑의 택시 인생극장』을 통해 그 사실을 꼭 확인할 수 있을 것이다.

인생 네 멋대로 그려라

이원종 지음 | 336쪽 | 값 15,000원

내 인생은 남이 그려 주지 못한다. 내가 그려야 한다. 내가 하고 싶고 나만이 할 수 있는, 독특한 내 멋대로의 인생을 그려 가야 한다. 이왕이면 대작, 천하를 호령하는 걸작을 그려 가야 하지 않겠는가? 자신이 느끼고 체험했던 사실들이 인생의 초행길을 가는 젊은이들에게 자그마한 등불이 되길 바라는 저자의 마음을 느껴보자.

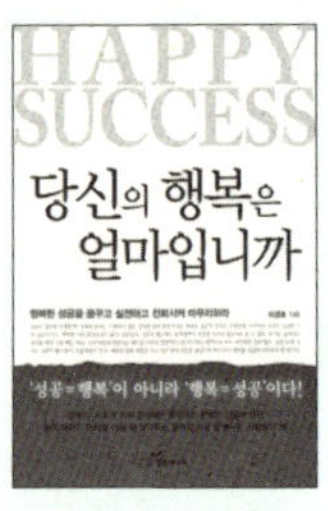

당신의 행복은 얼마입니까

이경호 지음 | 272쪽 | 값 15,000원

보험영업의 달인, 행복 전도사가 되다!
그저 성공만을 좇다가 진정한 행복은 눈앞에서 놓치는 사람들. 당신 자신을 위해, 당신을 사랑하는 모든 사람들을 위해 이제는 행복해져야 한다. 우리와 똑같은 보통사람의 보통사람을 위한 '행복'사용 설명서!

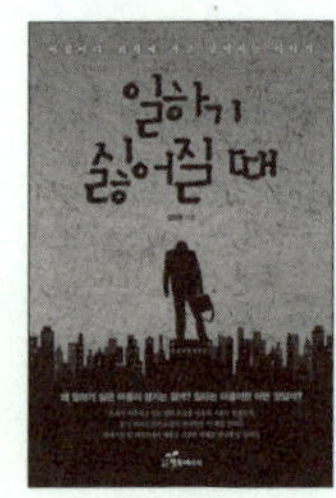

일하기 싫어질 때

김영환 | 280쪽 | 값 15,000원

왜 일하기 싫은 마음이 생기는 걸까? 일하는 마음이란 어떤 것일까?
이제 제대로 된 일 이야기가 필요하다. 답은 일 이야기 속에 들어있다. 우리가 마주하고 있는 일의 모습을 마음의 거울로 비춰보자. 꿈이 사라진 일의 모습이 보인다면, 이 책을 열어라. 연대기적 일 이야기에서 새롭고 신선한 지혜를 만나게 될 것이다.

흑광

권택조 지음 | 256쪽 | 값 13,000원

당신이 세상의 빛이라 믿었던 모든 것이 눈앞에서, 손안에서 산산이 부서진다. 과연 당신은 어떻게 해야만 구원받을 수 있는가! '선과 악의 실체' 그리고 '구원을 향한 삶'이라는 철학적 고민은 누구에게나 필요하다. 시대의 요구에 의해 등장한 이 책을 통해, 세상을 가득 메운 어두운 빛을 가르는 한 줄기 희망과 같은 진실의 빛에 다가가 보자.

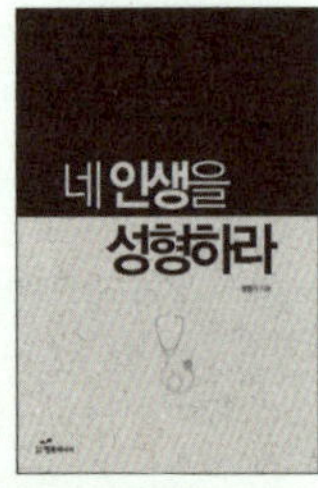

네 인생을 성형하라

정형기 지음 | 320쪽 | 값 15,000원

얼굴을 성형하면 잘난 외모뿐이지만 인생을 성형하면 잘나가는 인생이 기다린다! 삶의 무게에 힘겨워하는 독자들에게 디딤돌이 되어줄 책, 『네 인생을 성형하라』가 제시하는 '착한 성형' 프로젝트!
보잘 것 없는 작은 지혜들이 모여 이룬 생의 큰 물줄기, 그 감동의 서브젝트!